366日の

日の

美しい
誕生花

Birthday Flowers

1日1花の
エピソードと
花言葉

Contents

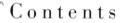

Column

はじめに

誕生花の起源は

古代ギリシャ・ローマ時代まで

さかのぼることができるといわれます。

花には神々からのメッセージが宿っており

神秘的なパワーがあると考えられていました。

本書では、花店で扱われている花を中心に

誕生花を紹介しています。

大切な人へ、花言葉をひと言添えて

誕生花を贈るのも素敵ですね。

また、占いをもとに、花言葉や

花のイメージなども照らし合わせて

"この日生まれの人"も掲載しました。

楽しい話題作りの一助になれば幸いです。

誕生花を通して、花を身近に感じ、

よりゆたかな暮らしを楽しめますように。

本書の使い方

366日分、1日1花ずつ掲載しています。

※花名から探したい場合は、巻末の索引をご覧ください。

この花の名前です。漢字表記も記載しています。誕生日で花色も決まっている場合は（ ）内に示しています。

花名や花言葉の由来等、この花のエピソードです。

この花の英名です。

この日の異なる誕生花を掲載しています。

この日生まれの気質や才能等について、数秘術という占い方で記載しています。

この花の花言葉です。（ ）は色別や品種別の花言葉です。

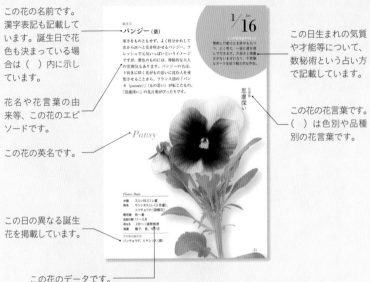

1/16 Jan.

【この日生まれの人】

情熱と行動力を合せもつ人。よく考え、一度に運を置いて行きます。大胆さと情景のなさが入りまじなり、不思議なオーラを放つ魅力的な存在。

誕生花
パンジー（紫）

家さをものともせず、よく枝分かれして次から次へと花を咲かせるパンジー、フレッシュで元気いっぱいというイメージですが、紫色のものには、神秘的な大人の雰囲気もあります。パンジーの名は、下向きに咲く花がら思いに沈む人を連想させることから、フランス語の「パンセ（pensée）」（もの思い）が転じたもの。「思慮深い」の花言葉がぴったりです。

Pansy

花言葉 思慮深い

Flower Data
分類：スミレ科スミレ属
別名：サンシキスミレ（三色菫）、ユウチョウカ（遊蝶花）
開花期：秋～春
花もち：3日～1週間程度
流通：種子、苗、切り花

その他の誕生花
ジンチョウゲ、ヒヤシンス（青）

21

この花のデータです。

分類：代表的な種の科名、属名（APG分類）です。

別名：代表的なものを掲載しています。

開花期（結実期）：促成栽培等をしない場合の日本での開花（結実）季節の目安です。

出回り期：花店に並ぶ時期の目安です。（種）、（苗）の表記がないものは切り花の場合です。花店での流通がほぼない野草については記載していません。

花もち（日もち）：原則、切り花の流通があるものは、切り花の場合での目安です。

流通：一般的な販売時の形態です。

用語について　本書でよく使われる植物に関する用語です。
・萼 —— 花の最も外側にあり、花びらを支えている部分。葉が変形したもの。
・花弁 —— 花びら
・花茎 —— 頂部に花をつける茎。
・花穂 —— 穂のような形に群がって咲く花。
・宿根 —— 宿根草。葉や茎が枯れても根は残って、次年に芽を出す草花。多年草。
・穂 —— 長く伸びた花をつける茎に、たくさんの花が直接ついているもの。
・穂状 —— 穂のような形。
・地下茎 —— 地下にある茎。根と異なり葉や芽がある。
・苞 —— 芽や蕾を包むように変形した小型の葉。苞葉。

※誕生花や花言葉は諸説あります。

1/1

Jan.

1

花言葉

優美／気品

Mokara

誕生花

モカラ

南国らしい肉厚の5弁の花を1本の茎にたくさん咲かせます。ランの仲間の特徴である唇のような形の花びらをもつ花は、4〜6cmと大ぶり。黄色、紫、オレンジ、ピンクなどの鮮やかなトロピカルカラーの花は、見ているだけで元気になれるような気がします。花は下から咲くので、終わった花をハサミでカットすると、きれいな姿を長く楽しめます。

Flower Data

分類	ラン科モカラ属
別名	―
開花期	7〜11月
出回り期	通年
花もち	1〜2週間程度
流通	鉢植え、切り花

その他の誕生花
フクジュソウ、プリムラ・ジュリアン

誕生花

ツバキ（赤）椿

「ヤブツバキ」ともよばれる、日本に古くから自生するツバキ。5弁の赤い花を咲かせます。これを原種として多くの園芸品種がつくられました。16世紀ごろにヨーロッパに伝えられたツバキは、「日本のバラ」と呼ばれて貴婦人たちに愛され、一大ブームを巻き起こしました。それをきっかけに小説『椿姫』が誕生。オペラの名作『椿姫』はこの小説が原作です。

花言葉
気どらない
魅力

[この日生まれの人]
日々精進してナンバーワンを目指す、自分に厳しい不屈のファイタータイプ。社交性とコミュニケーション能力の高さでリーダーとして大活躍！

Camellia

Flower Data

分類	ツバキ科ツバキ属
別名	ヤブツバキ（藪椿）、ヤマツバキ（山椿）
開花期	冬〜春
出回り期	12〜5月
花もち	3日〜1週間程度
流通	苗、鉢植え、切り花

その他の誕生花
ハボタン、ロウバイ

誕生花

スイセン 水仙

冬に咲き始めるスイセンは、お正月を彩る生け花の花材として欠かせない花です。1本の茎に5～7個の香りのよい花を咲かせます。まっすぐ伸びた茎の先に、ピンと花びらを平らに開いて咲く花の姿には、凛とした気高さがあります。「水仙」の名の由来は、水にいる仙人の意の中国名から。古くは「雪中花」の和名でも呼ばれました。

花言葉

自己愛／神秘 (白)

Narcissus

Flower Data

分類	ヒガンバナ科スイセン属
別名	セッチュウカ (雪中花)
開花期	冬～春
出回り期	10～4月
花もち	3日～1週間程度
流通	球根、苗、鉢植え、切り花

その他の誕生花
センリョウ、マツ

誕生花

ヒヤシンス（白）風信子・飛信子

花びらが反り返った漏斗状の小さな花を
房状にたくさん咲かせる花で、甘く爽や
かな香りを漂わせて癒やしてくれます。
一般に流通しているのは「ダッチヒヤシ
ンス」とよばれる系統で、オランダで改
良された園芸品種。白花の代表的な品種
は、カーネギーとよばれるものです。「控
えめな愛らしさ」の花言葉は、白花の清
楚で可憐な佇まいにぴったりです。

[この日生まれの人]

繊細なハートの持ち主。それ
を隠しつつ、粘り強さと洞察
力を武器に道を切り拓きます。
チャレンジ精神を忘れず、最
後は必ず才能を花開かせる人。

花言葉
控えめな愛らしさ

Hyacinth

Flower Data

分類	キジカクシ科ヒヤシンス属
別名	ヤコウラン（夜香蘭）、ダッチヒヤシンス
開花期	春
出回り期	11〜5月
花もち	4日〜1週間程度
流通	球根、切り花

その他の誕生花
サイネリア、デージー（白）

1/ Jan. 5

[この日生まれの人]
知性と好奇心、それに公正な
目をもつ人。日々を真面目に
生き、困難を乗り越えるたび
に強くなっていきます。安泰
の将来が待っているでしょう。

花言葉
青春の喜び
不幸な恋（黄）
愛をもう一度（紫）

誕生花

クロッカス

冬から春にかけて花を咲かせる春咲きと、
秋咲きとがあります。愛らしいカップ形
の6弁の花は、白、黄色、クリーム色、紫、
赤紫、藤色、絞りが入ったものなど、バ
リエーションが豊富です。寒さに強く育
てやすいため、花の少ない季節の花壇を
彩る花として人気です。水栽培も可能な
ので、室内を明るく飾る花のインテリア
としても楽しめます。

Flower Data

分類	アヤメ科サフラン属
別名	ハナサフラン（花泊夫藍）
開花期	冬〜春、秋
出回り期	8〜2月
花もち	3〜5日程度
流通	球根、苗

その他の誕生花
キク、ユキワリソウ、ラッパズイセン

Crocus

誕生花

マンサク 満作

冬のまだ寒いうちから咲いて、春の訪れを告げる花木のひとつです。1cmほどの長さの細いリボンのようなよじれた花びらが特徴です。葉が出る前の枝に、明るい黄色の花が数個ずつ固まって咲くさまは華やかで、庭木としても愛されます。花は香りがよく、遠くまで漂ってくることがあります。紅葉も美しく、長く楽しませてくれる花木です。

Japanese witch hazel

[この日生まれの人]

謎めいた雰囲気があり、1人の時間も楽しむことができる人。親しみやすさもあり、人生の中盤以降で大きな成功をつかむ運をもっています。

花言葉
霊感／ひらめき
魔力／呪文

Flower Data

分類	マンサク科マンサク属
別名	―
開花期	春
出回り期	1～2月
花もち	1週間～10日程度
流通	苗、切り花

その他の誕生花
スミレ（ピンク）、デンファレ

[この日生まれの人]
成功をつかむまで折れないタフなハートの持ち主。アップダウンの激しい人生も地道な努力と強い意思とで見事にクリアしていくことでしょう。

誕生花

セリ 芹

春の七草のひとつに数えられ、1/7に食べる七草がゆでもおなじみです。古くから食用にされ、『万葉集』にもセリ摘みの歌が残ります。水田や川べりなどの湿地に自生し、夏、茎の先に小さな5弁の白い花を多数つけます。セリという名は、一か所にせり合うように生えることに由来するとも。小花がまとまって咲く姿は、繊細で楚々とした魅力があります。

花言葉
清廉で高潔

Dropwort

Flower Data

分類	セリ科セリ属
別名	カワナ（川菜）、ネジログサ（根白草）
開花期	夏
流通	—

その他の誕生花
ウメ、ヒヤシンス

誕生花

シクラメン

クリスマスの贈り物としても定番のシク
ラメン。冬の花壇や室内に暖かい篝火を
灯すような花の佇まいが魅力です。定番
の赤や白、ピンクのほか、黄色や紫の花色
も。さらに、縁取りのあるバイカラーの
花や花弁にフリルが入ったもの、香りの
あるものなど、新しい品種が次々と生み
出されています。次はどんなシクラメン
に出会えるのかも冬の楽しみのひとつです。

[この日生まれの人]

心の中に強さと繊細さが共存
し、孤独に耐える力をもった人。
直感的な発想力でユニークな
アイデアを思いつき、人生を
切り拓いていくでしょう。

花言葉

嫉妬（赤）／内気（ピンク）／遠慮・清純（白）

Flower Data

分類	サクラソウ科シクラメン属
別名	カガリビバナ（篝火花）、 カガリビソウ（篝火草）、 ブタノマンジュウ（豚の饅頭）
開花期	冬
出回り期	11〜3月
花もち	5日〜1週間程度
流通	球根、苗、鉢植え

その他の誕生花

ハハコグサ、モクレン

Cyclamen

誕生花

デージー

冬の寒いうちから花をつけ、太陽のような形の花を晩春まで株いっぱいに咲かせ、見る人に元気をくれます。花の色は赤、白、ピンク、赤白混色など。花びらに絞り模様の入ったものや大輪の花が咲く品種も。園芸品種はほとんどがコロンとした八重咲きですが、古来「愛してる、愛してない」の花占いに使われたのは、マーガレットに似た白い花が咲く一重咲きのものです。

Daisy

Flower Data

分類	キク科ヒナギク属
別名	ヒナギク（雛菊）、イングリッシュデージー
開花期	冬〜春
出回り期	1〜4月
花もち	10〜20日程度
流通	種子、苗、鉢植え

その他の誕生花
ヒトリシズカ、ナンテン

花言葉
無邪気
平和
希望

誕生花

ストック

早春、太くまっすぐ伸びた茎に、白やピンク、黄色、赤紫、紫などの香りのよい花を多数咲かせます。花の香りは、夜のほうが際だちます。切り花ではボリューミーで豪華な八重咲きのものが多く出回っていますが、4弁の花を咲かせる一重咲きの佇まいも可憐で美しいものです。株全体が灰色の柔らかい毛に覆われているため、茎や葉が灰緑色に見えます。

[この日生まれの人]
あいまいさを避けるリアリスト。飾らず等身大のままでいます。思慮深く、物事の奥深くまで見通す洞察力で、人生の転機も上手に乗り越えます。

Stock

花言葉

永遠の美／永遠に続く愛の絆
私を信じて（赤）／豊かな愛情（ピンク）
おおらかな愛情（紫）／寂しい恋（黄）

Flower Data

分類	アブラナ科アラセイトウ属
別名	アラセイトウ（紫羅欄花）
開花期	春
出回り期	10〜5月
花もち	5日〜1週間程度
流通	種子、苗、鉢植え、切り花

その他の誕生花
フクジュソウ、レンギョウ

1/11 Jan.

[この日生まれの人]
明るく朗らかな人。オープンマインドでありながら、分別や常識もわきまえています。日々の生活を丁寧に送り、周囲からの信頼を得るでしょう。

花言葉
先見
ゆかしさ

Winters weet

誕生花
ロウバイ 蝋梅

春の訪れを知らせるロウバイは、まるで蝋細工のような質感をもつ優しい風合いの黄色い花を枝いっぱいに咲かせます。この花の甘い香りは、遠くまで漂うことも。内側の花びらが赤紫色をしているのが本来のロウバイですが、一般に出回っているのは「ソシンロウバイ（素心蝋梅）」とよばれる、内側の花びらまで黄色く、花が大きく香りも強い園芸品種です。

Flower Data

分類	ロウバイ科ロウバイ属
別名	カラウメ（唐梅）
開花期	冬〜春
出回り期	12〜2月
花もち	2週間程度
流通	苗、鉢植え、切り枝

その他の誕生花
センリョウ、ミスミソウ

誕生花

バラ（黄）薔薇

古くギリシャ時代から栽培され、世界中で愛されるバラ。ビタミンカラーの黄色いバラは、見ているだけで元気になれます。キリスト教では黄色はキリストを裏切ったユダの服の色であることから、古くはネガティブなイメージがありました。しかし、いまでは黄色は明るく暖かみのある色として愛され、友情や愛情をこめて黄色いバラを贈り合うようです。

Rose

花言葉

愛／美／嫉妬・友情（黄）

[この日生まれの人]

きちんとした佇まいの内に、豊かな感受性と情熱的な想いを秘めたタイプ。予想もつかぬ未来が展開される運勢をもち、その変化すら楽しめる人。

Flower Data

分類	バラ科バラ属
別名	ソウビ、ショウビ（薔薇）
開花期	初夏から初冬まで品種によりさまざま
出回り期	5〜10月
花もち	5日〜1週間程度
流通	苗、鉢植え、切り花

その他の誕生花

キンセンカ、ラケナリア

[この日生まれの人]
自他共に認める知性派。頭の
回転が速く、心に秘めた思い
を雄弁に語ります。旺盛な向
上心を武器に、人生を豊かに
ふくらませていくでしょう。

花言葉
記憶／思い出／誠意
あなたに会うと幸せ

Rosemary

誕生花

ローズマリー

料理や香料に用いられるハーブとしてお
なじみのローズマリー。株全体から清涼
感のある強い香りを漂わせます。花の色
は淡紫色やブルー、ピンク、白など種類
によってさまざまですが、よく見られる
のはブルーの花を咲かせる品種です。び
っしりと生えた細い葉の間に咲く小さな
青い花は深い緑とのコントラストが美しく、
早春から秋まで長く咲くのも魅力です。

Flower Data

分類	シソ科マンネンロウ属
別名	マンネンロウ（迷迭香）
開花期	早春〜秋
出回り期	通年
花もち	１週間〜10日程度
流通	苗、鉢植え

その他の誕生花
スイセン（白）、ツルバギア

誕生花

オーニソガラム

写真は、2cmほどの白い花を穂状にたくさんつけるオーソニガラム・サンデルシー。清楚な佇まいは、花言葉にピッタリです。ほかに、白い花弁と黒褐色の雌しべの色のコントラストが鮮やかなオーニソガラム・アラビカム、フレッシュな印象の黄色やオレンジの花が咲くオーソニガラム・ダビウムなどがあり、総称してオーニソガラムとよばれます。

Giant chincherinchee

[この日生まれの人]
個性的でマイペースな存在。独特の世界観をもっています。多角的な視点を武器に、より良い道を見つけ出し雲を開いていく才能の持ち主です。

花言葉
無垢　才能　純粋

Flower Data

分類	キジカクシ科オオアマナ属（オーニソガラム属）
別名	オオアマナ（大甘菜）、スターオブベツレヘム
開花期	春
出回り期	通年
花もち	10日〜2週間程度
流通	球根、苗、鉢植え、切り花

その他の誕生花
サフラン、シクラメン

花言葉

優雅／友情

[この日生まれの人]

自分に厳しく、強い信念をもった人。誰よりも義理堅く、周囲からの絶大な信頼を集めます。穏やかで安定した人生が待ち受けているでしょう。

Reeves spirea

誕生花

コデマリ 小手毬

小さな5弁の白い花が群がって咲くさまが手毬のように見えることから、この名が付きました。優雅にしだれる枝にはなんともいえない情趣があります。生け花やフラワーアレンジメントの花材としても、庭木としても人気です。中国原産で、日本には古くに渡来したようです。江戸時代までは「スズカケ（鈴懸）」の名でよばれていました。秋の紅葉も愛されます。

Flower Data

分類	バラ科シモツケ属
別名	テマリバナ（手毬花）、スズカケ（鈴懸）、ダンゴバナ（団子花）
開花期	春
出回り期	3〜5月
花もち	3日〜1週間程度
流通	苗、切り花

その他の誕生花
オンシジウム、スミレ（白）

誕生花

パンジー（紫）

寒さをものともせず、よく枝分かれして次から次へと花を咲かせるパンジー。フレッシュで元気いっぱいというイメージですが、紫色のものには、神秘的な大人の雰囲気もあります。パンジーの名は、下向きに咲く花がもの思いに沈む人を連想させることから、フランス語の「パンセ（pansée）」（もの思い）が転じたもの。「思慮深い」の花言葉がぴったりです。

[この日生まれの人]
情熱と行動力とを併せもちつつ、よく考え、一途に道を進んで行きます。大胆さと慎重さがないまぜになり、不思議なオーラを放つ魅力的な存在。

花言葉
思慮深い

Pansy

Flower Data

分類	スミレ科スミレ属
別名	サンシキスミレ（三色菫）、ユウチョウカ（遊蝶花）
開花期	秋〜春
出回り期	11〜5月
花もち	3日〜1週間程度
流通	種子、苗、切り花

その他の誕生花
ジンチョウゲ、ヒヤシンス（黄）

21

1/17 Jan.

[この日生まれの人]
並外れた集中力と根性をもち、理想の世界を究めていけるタイプ。好きなことを自分のものにして、幸せの境地へと達することができる人です。

花言葉
すべてをあなたに捧げる

誕生花
ナズナ 薺

道端や草原など、どこにでも見られる身近な草です。日本では1年に1度、七草粥で口にするぐらいですが、中国では普段から野菜として食べられているそうです。古くから薬用にも用いられ、厄を祓い災いを除くパワーがあると信じられてきました。ハート形の実がついた茎を指でつまんで回転させるとぺんぺんと音がすることから「ぺんぺん草」ともよばれます。

Shepherd's purse

Flower Data

分類	アブラナ科ナズナ属
別名	ペンペングサ(ぺんぺん草)、シャミセングサ(三味線草)
開花期	春
出回り期	1〜3月
花もち	3〜4日程度
流通	切り花

その他の誕生花
コチョウラン、シンビジウム、セントポーリア、ルスカス

ユキワリソウ 雪割草

サクラソウ科のユキワリソウと同じ名なので混同されることがありますが、こちらはキンポウゲの仲間。低山の落葉樹林などに自生する日本固有種の山野草です。春、雪解けとともに1本の細い茎の先に、1つ1cmほどの大きさの、華奢で優美な花を咲かせます。花びらに見えるものは実は萼で、萼の色には白、ピンク、赤、紫、青色などがあります。

[この日生まれの人]

エネルギッシュで責任感が強い頑張り屋。弱い立場の人をかばう優しさももっています。鋭い直感力でチャンスをとらえ、羽ばたいていくでしょう。

花言葉
信頼／忍耐

Hepatica

Flower Data

分類	キンポウゲ科スハマソウ属
別名	スハマソウ（洲浜草）
開花期	春
出回り期	11〜3月
花もち	3〜5日程度
流通	苗、鉢植え

その他の誕生花
サンシュユ

[この日生まれの人]
真面目で誠実な人柄に加え、
高い社交性をもっています。
明るく朗らかな雰囲気もあい
まって、周囲から信頼され、
安定した人生を歩むことに。

誕生花

ブルニア

小さな花がまとまって咲く姿はまるで果実。
独特の味わいと優雅さがあります。シッ
クでおしゃれなアレンジメントやクリス
マスの飾りの花材として人気です。切り
花として出回っているのは、銀白色の花
姿のシルバーブルニアがほとんどですが、
赤い花がつくブルニアレッドもあります。
花もちが良いのが特徴で、さらにドライ
フラワーにして楽しむこともできます。

Brunia

花言葉
不変／小さな勇気

Flower Data

分類	ブルニア科ブルニア属
別名	—
開花期	通年
出回り期	通年
花もち	2〜3週間程度
流通	切り花

その他の誕生花
バーゼリア、ワックスフラワー

誕生花

ラナンキュラス（黄）

薄い襞（ひだ）のような花びらがふんわりと幾重にも重なり合った花姿がエレガント。春らしい明るい黄色のラナンキュラスは、一輪だけで飾ってもインパクトがあります。淡いレモンイエローからオレンジに近いものまで、同じ黄色でもその色合いは多彩。大輪の八重咲きが一般的ですが、一重で咲くものなど、咲き方も多彩です。

［この日生まれの人］
いるだけで明るい雰囲気をもたらす人。アイデアとそれを実現するエネルギーに満ち、人を楽しませつつ、自分自身の力で幸運をつかみ取ります。

花言葉
優しい心遣い

Ranunculus

Flower Data

分類	キンポウゲ科キンポウゲ属
別名	ハナキンポウゲ（花金鳳花）、ウマノアシガタ（馬の脚型）
開花期	春
出回り期	10〜6月
花もち	3〜5日程度
流通	球根、苗、切り花

その他の誕生花
クチベニスイセン、スハマソウ、デンファレ

25

［この日生まれの人］
誰とでも分け隔てなく接する
ことができる人。クリエイテ
ィブな才能に恵まれ、地道な
頑張りで能力を伸ばして理想
を実現していくでしょう。

誕生花

ピンクッション

その名のとおり、針のような無数の雄し
べが細い花びらのように見えるピンクッ
ション。オーストラリアや南アフリカな
どに自生するワイルドフラワーのひとつで、
南国らしい元気な色合いに、大自然のお
おらかさと生命力を感じます。存在感抜
群の花は、それだけで室内のインテリア
になります。切り花として楽しんだ後は、
ドライフラワーにしても楽しめます。

Pincushion

花言葉
どこでも成功を
艶やかな人

Flower Data

分類	ヤマモガシ科レウコスペ ルマム属
別名	レウコスペルマム、 リューコスペルマム、 ジョーイリボン
開花期	夏
出回り期	7〜12月
花もち	3〜4週間程度
流通	苗、切り花

その他の誕生花
ロウバイ、ローズマリー

誕生花

キルタンサス

すらりと伸びた茎の先に、細長い笛のような形の花が数個、横向きや下向きについて咲きます。花にフルーティで甘い香りがあるのも特徴です。花色には赤、オレンジ、黄色、ピンク、白があります。「恥ずかしがり屋」の花言葉は、控えめな花姿にちなみますが、壺状の大型の花を咲かせるものや花が上を向いて咲くものもあります。

[この日生まれの人]
自由な発想の持ち主。確固とした信念に基づいて行動していきます。のびのびできる環境に身を置くことで、才能を光り輝かせていける人。

花言葉
恥ずかしがり屋

Fire lily

Flower Data

分類	ヒガンバナ科キルタンサス属
別名	フエフキスイセン（笛吹水仙）、ツノブエソウ（角笛草）
開花期	冬、夏
出回り期	12〜2月（冬咲き）、5〜8月（初夏咲き、夏咲き）
花もち	3日〜1週間程度
流通	球根、苗、切り花

その他の誕生花
アネモネ、ガーベラ（ピンク）、スノードロップ

[この日生まれの人]
芸術的センスや才能をもち、それをひたむきな努力で伸ばしていく人。ほんわかとした穏やかな空気をまとい、周囲とほどよく協調していきます。

Flower Data

分類	キンバイザサ科ロードヒポキシス属
別名	ロードヒポキシス
開花期	初夏
出回り期	11〜4月
花もち	2週間程度
流通	苗、鉢植え

その他の誕生花
ガマ、セツブンソウ、ネコヤナギ、ビバーナムティヌス

誕生花

アッツザクラ アッツ桜

草丈が低く、芝のような葉の間から小さな花を咲かせる様子が健気で可憐な花です。花色には赤、ピンク、白があります。アッツ島（アメリカ）原産ではなく、またサクラの仲間でもないため、最近は「ロードヒポキシス」の別名のほうで出回ることが多いようです。大輪の花が咲くものや、ピンクの花びらに白いかすり模様が入るもの、八重咲きの品種も出回ります。

花言葉
可憐
無意識

Red star

誕生花

ウメ（赤）梅

マツやセンリョウとともに、新春を寿ぐ
花として飾られるウメ。まだ寒い早春に
花開くことから、「春告草」の別名があ
ります。また、良い香りがすることから「匂
草」の別名も。紅梅が日本に渡来したの
は平安時代。紫式部の『源氏物語』や清
少納言の『枕草子』に紅梅が登場するのは、
当時まだ珍しかった紅梅の鮮やかな花色
がもてはやされたからでしょう。

Japanese apricot

[この日生まれの人]
思慮深く、分析力に長けた理
論派。どんなことにもポジ
ティブな面を見出し、希望をも
って前進します。ラッキーチ
ャンスに恵まれる運も。

花言葉
艶やか

Flower Data

分類	バラ科サクラ属
別名	コウブンボク（好文木）、コノハナ（木の花）、ハルツゲグサ（春告草）、ニオイグサ（匂草）
開花期	冬
出回り期	1〜3月
花もち	3日〜1週間程度
流通	鉢植え、切り枝

その他の誕生花
シキミア、シラー、ハナキリン

1/25 Jan.

誕生花

ツバキ（白）椿

赤い花を咲かせるヤブツバキですが、まれに白い花を咲かせることがあります。それを、貴重でめでたいものとして天皇に献上したという逸話が『日本書紀』の684年の記事にあります。室町時代に茶の湯が盛んになると、白いツバキの花がもつ侘び、寂びの風情が、茶席に欠かせないものとして愛されました。「理想の愛」は、白いツバキの清楚で優雅な花姿にぴったりです。

花言葉
理想の愛

Camellia

Flower Data

分類	ツバキ科ツバキ属
別名	ヤブツバキ（藪椿）、ヤマツバキ（山椿）
開花期	冬〜春
出回り期	12〜5月
花もち	3日〜1週間程度
流通	苗、鉢植え、切り花

その他の誕生花
チューリップ'アンジェリケ'

誕生花

クンシラン 君子蘭

太い茎の先に、漏斗状の大きな花が10〜20個まとまって上向きに咲きます。その姿には、徳のある王者の人格を意味する「君子」の名にふさわしい貫禄があります。肉厚で艶のある葉は1年を通して色が変わらないので、花が終わった後もグリーンとして楽しめます。白や黄色、グリーンの花色のものや、斑入りの葉をもつ園芸品種も出回っています。

Kaffir lily

花言葉
高貴

Flower Data

分類	ヒガンバナ科クンシラン属
別名	ウケザキクンシラン（受け咲き君子蘭）
開花期	春
出回り期	1〜4月（鉢植え）
花もち	1か月程度
流通	苗、鉢植え

その他の誕生花
アマリリス、オーブリエチア

Dusty miller

[この日生まれの人]
想像力豊かで独創的な発想力に富んでいます。心の広さもピカイチ。恵まれた人間関係と芸術家肌な面を活かして彩り豊かな人生を送るでしょう。

花言葉
あなたを支えます

誕生花

シロタエギク 白妙菊

フェルトのような手触りの銀白色の葉が美しく、花よりもグリーン材としてウェディングブーケなどに使われます。白っぽい見た目から、「Dusty miller（埃まみれの粉屋）」の英名が。花壇や寄植えでも主役の花を引き立てるカラーリーフとして植えられます。肉厚で大きな葉をもつ品種やレースのような細かい切れ込みが入った葉をもつ品種もあります。

Flower Data

分類	キク科ノボロギク属
別名	ダスティーミラー
開花期	初夏〜夏
出回り期	通年（グリーン花材として）
日もち	5日〜1週間程度（切り枝）
流通	種子、苗、鉢植え、切り枝

その他の誕生花
ツバキ（赤）、デージー（紫）

誕生花

カタクリ 片栗

斑点のある葉の間に細い茎を伸ばし、その先に1つ、淡紫色やピンクの花を下向きに咲かせます。可憐な花姿が愛され、『万葉集』にも「堅香子」の名で詠まれています。山地の落葉樹の林に自生して、春、ほかの花に先駆けて花開き、晩春には地上部が枯れて休眠します。花も葉も山菜として食べることができます。白や黄色の花を咲かせる品種もあります。

Asian fawnlily

[この日生まれの人]

人の痛みを自分のことのように理解できる優しい心の持ち主。周囲から慕われ、サポートを得ることによって能力や人生を開花させるでしょう。

花言葉
初恋
寂しさに耐える

Flower Data

分類	ユリ科カタクリ属
別名	カタカゴ、カタカシ(堅香子)
開花期	春
出回り期	2〜3月(鉢植え)
花もち	10日〜2週間程度
流通	苗、鉢植え

その他の誕生花
スノーフレーク、ネモフィラ、
ビオラ(白)

花言葉
危険な快楽

誕生花

チューベローズ

エキゾチックな姿が魅力のチューベローズ。まっすぐに伸びた茎に、6弁の花が2輪ずつ対になって、下から順に咲いていきます。「月下香」の別名にふさわしく、花には良い香りがあり、夜のほうが甘く強く香ります。花には一重咲きと八重咲きがありますが、香りが強いのは一重咲きです。花から採った香油は香水の原料として用いられます。

Tuberose

Flower Data

分類	キジカクシ科チューベローズ属
別名	ゲッカコウ（月下香）
開花期	夏
出回り期	8〜9月
花もち	5日〜1週間程度
流通	球根、苗、鉢植え、切り花

その他の誕生花
コブシ

誕生花

ツルバギア

すらりと伸びた細い茎の先に、6弁の星
形の小さな花を無数に横向きに咲かせま
す。紫、ピンク、白の花色があります。
繊細で可憐な印象を与える花ですが、ツ
ルバギアの多くにはニラやニンニクに似
た臭いがあります。甘い香りを漂わせる
ツルバギア・フレグランスという品種は、
切り花として人気です。アフリカ原産で
すが、比較的寒さに強いのも特徴です。

*Society
garlic*

花言葉
落ち着きある魅力
残り香

Flower Data

分類	ヒガンバナ科ツルバギア属
別名	ルリフタモジ（瑠璃二文字）、ソサエティ・ガーリック、ツルバキア
開花期	春
出回り期	12〜5月
花もち	5日〜1週間程度
流通	苗、鉢植え、切り花

その他の誕生花
ムスカリ

1/31

Jan.

[この日生まれの人]

理知的でユーモアのセンスも
ある人。愛嬌があり、誰とで
も親しくなれる柔軟さももち
合わせています。頭の回転が
速く、器用なのも天賦の才。

誕生花

オンシジウム

細くしなやかな枝に群がるようにして、
ドレスを翻したような形の大きな唇弁を
もつ黄色い花が咲きます。その姿は優雅
で華やかです。野生のオンシジウムは、
樹上や岩に根を張って成長します。熱帯
地方原産ですが、日本ではハウス栽培さ
れ通年流通しています。園芸品種が多く、
ピンクやオレンジの花色や香りの良い品
種も出回っています。

Dancing lady orchid

花言葉

一緒に踊って
可憐／清楚

Flower Data

分類	ラン科オンシジウム属
別名	ムレスズメラン（群雀蘭）、
	スズメラン（雀蘭）
開花期	秋〜春
出回り期	通年
花もち	1週間〜10日程度
流通	鉢植え、切り花

その他の誕生花

マンサク

花にまつわる記念日

花にまつわる記念日を紹介します。花を飾ったり、
贈ったりするきっかけにしてもよいですね。

3/8
ミモザの日

この日は国際女性デー（女性の平等
な権利を願う日）。男性が女性へ日頃
の感謝や尊敬の思いをこめてミモザ
を贈る風習はイタリアで始まりました。

4/18
ガーベラ記念日

ガーベラの名が日本で初めて名称登
録されたのが1958年の4月だったこと
と、4l8（よいはな）の語呂合わせか
ら定められました。

4/23
サン・ジョルディの日

スペインのカタルーニャ地方の聖人
サン・ジョルディにちなむ祝祭日に行
われる習慣を日本に持ちこんだもので、
バラの花と本を贈り合う日です。

5/1
メーデー

国際的な労働者の祭典の日。フラン
スでは、幸運が訪れることを願って
スズランの花を贈る習慣があります。

6/6
アジサイの日

6月の6のつく日にアジサイを薬玉に
見立てて軒下などにつるすと厄除け
となると信じられたことと、この時期
が花の旬でもあることにちなみます。

7/7
カスミソウの日

この日は七夕の日であり、白い小さな
花がたくさん咲く様子が無数の星が
集まった天の川のように見えるという
ことで、定められました。

9/14
コスモスの日

ホワイトデー（3/14）からちょうど半
年にあたるため、恋人同士がお互い
の愛を確かめ合うためにコスモスの
花を添えてプレゼントを交換する日と
されます。

3/27	サクラの日	3（さ）×9（く）=27であることと、開花期にあたることから
6/2	ローズの日	6（ロー）2（ズ）の語呂合わせ
8/7	花の日	8（は）7（な）の語呂合わせ
11/6	いいマム（キク）の日	11（いい）06（マム）の語呂合わせ

2/1

Feb.

[この日生まれの人]
チャレンジ精神が旺盛な人。
スーパーポジティブ精神で、
常識や世間体に捉われず自由
に活動します。小さな枠に収
まらない強運体質の持ち主。

花言葉

先駆者／早熟

Flowering quince

誕生花

ボケ 木瓜

葉がつく前の枝いっぱいに、ウメに似た
花が数個ずつ集まって咲きます。園芸品
種が豊富で、淡紅色、緋色、ピンク、白
といった単色の花はもちろん、白と緋色、
白と紅色などの混色の花も美しい花。切
り花としてだけでなく、庭木や生け垣に
も人気です。秋にはカリンの実に似た果
実をつけます。「木瓜」の名は、瓜に似
た実をつけることに由来します。

Flower Data

分類	バラ科ボケ属
別名	カラモクコウ、カラボケ(唐木瓜)、モケ(毛介)
開花期	冬〜春
出回り期	12〜4月
花もち	1週間〜10日程度
流通	苗、鉢植え、切り花

その他の誕生花
マーガレット

誕生花

ムスカリ

丸い小さな花が、下向きに房状に集まって咲くムスカリは、香りも良く、春のアレンジや花壇で愛らしい脇役として用いられることが多い花です。花色はポピュラーな紫系のほか、白、ピンク、緑がかった色のものもあります。球根つきの切り花も出回っており、通常の切り花より花もちがよく、ガラスの器に生ければ根や球根まで観賞できます。

2 / Feb.
2

[この日生まれの人]
誰とでも分け隔てなくつきあえる博愛精神の持ち主。抜群のバランス感覚で安定した人生を送れるでしょう。冷静な視点をもつのも強みです。

Grape hyacinth

花言葉
通じ合う心
寛大な愛

Flower Data

分類	キジカクシ科ムスカリ属
別名	ブドウヒヤシンス(葡萄風信子)、ルリツボバナ(瑠璃壺花、瑠璃坪花)
開花期	春〜初夏
出回り期	3〜6月
花もち	5日〜1週間程度
流通	球根、苗、鉢植え、切り花

その他の誕生花
フリージア(白)

39

[この日生まれの人]

力むことなく淡々と、そして爽やかに生きられる人。未来志向が強く、理想に近づくべく冷静沈着に歩みを進めていきます。ユニークな一面も。

Flower Data

分類	キンポウゲ科セツブンソウ属
別名	イエニレ（家楡）
開花期	冬〜春
流通	—

カスミソウ、ツバキ（赤）

花言葉

清涼／光輝

Winter aconite

誕生花

セツブンソウ 節分草

薄い和紙のような風合いの萼（花びらのように見える部分）をもつ繊細な印象の山野草です。中央に飛び出た赤紫色の部分は雌しべで、その周囲の青紫色の部分が雄しべ、花びらはさらにその周りの黄色い部分です。葉の形も美しく、独特な姿が愛されます。園芸店などには、ヨーロッパ原産のよく似た「キバナセツブンソウ（黄花節分草）」が出回っています。

2/ Feb.

4

[この日生まれの人]
明晰な頭脳と美的センスに恵
まれた人。周囲の一歩先を行
く優れた感性の持ち主ながら、
人の気持ちを理解し、寄り添
うこともできるでしょう。

誕生花

リューココリーネ

柔らかなカーブを描く細い茎の先に、星
形の6弁の花が数個ずつ、四方を向いて
咲くリューココリーネ。上品でエレガン
トな花姿とバニラや桜餅のような香りが
愛され、春のアレンジの花材として人気
です。多彩な花色も特徴で、定番の紫や
青のほか、白、ピンク、白から青紫、白
から赤紫のグラデーションがかかったもの、
ストライプが入るものまでさまざまです。

Flower Data

分類	ヒガンバナ科リューココリーネ属
別名	グローリー・オブ・ザ・サン
開花期	春
出回り期	1〜6月
花もち	5日〜1週間程度
流通	球根、鉢植え、切り花

その他の誕生花
ツバキ、バンダ、ボケ

花言葉
温かい心
信じる心

Glory of the sun

2/5 Feb.

[この日生まれの人]
パワーに溢れ、鋭い直感と感性とに恵まれた人。持ち前の知性と探求心で人生を切り拓き、夢に向かって全力投球の日々を送るでしょう。

誕生花

ジャノメエリカ

エリカの仲間は花の形も色もさまざまで、品種によって開花の時期も異なります。切り花として多く出回っているのはジャノメエリカ。小さな花の中央に雄しべの一部が黒く目立つ花をつけます。庭木としても人気で、よく枝分かれし、1本の枝にびっしりと小さな壺形の花を咲かせるため、株全体がピンクに染め上げられて華やかです。

Channelled heath

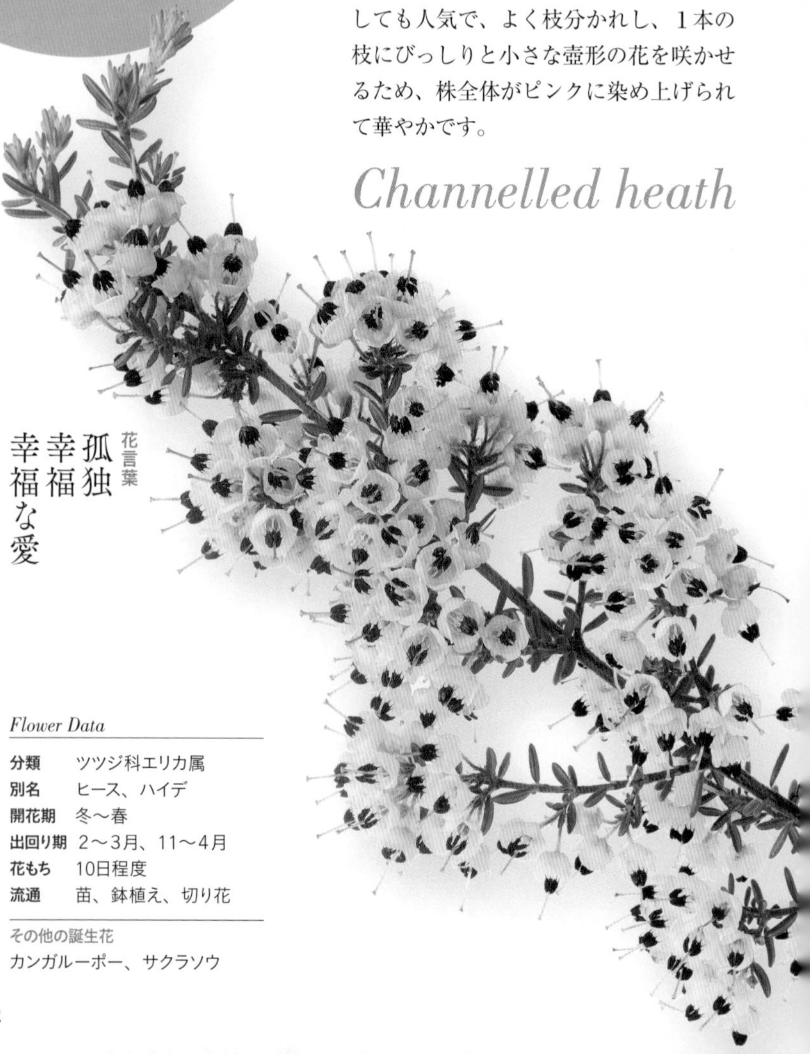

花言葉
孤独
幸福
幸福な愛

Flower Data

分類	ツツジ科エリカ属
別名	ヒース、ハイデ
開花期	冬～春
出回り期	2～3月、11～4月
花もち	10日程度
流通	苗、鉢植え、切り花

その他の誕生花
カンガルーポー、サクラソウ

2/ Feb.

6

［この日生まれの人］
信じた道をまっすぐに突き進むバイタリティーのあるタイプ。クールななかに、周囲を惹きつける魅力満載。試練を乗り越えて幸せをつかむでしょう。

誕生花

ナノハナ 菜の花

春の野の花の代表格ともいえるナノハナ。鮮やかな黄色い花に縮れた明るい黄緑色の葉、青空のコントラストはとりわけ美しいものです。3月3日の桃の節句ではモモの花とともに飾られ、そのため3月に多く出回ります。ちなみに「ナノハナ」はアブラナ科アブラナ属の花の総称で、切り花として出回るのは、チリメンハクサイを改良した園芸品種です。

Flower Data

分類	アブラナ科アブラナ属
別名	ハナナ（花菜）、ナバナ（菜花）、ナタネ（菜種）、アブラナ（油菜）
開花期	春
出回り期	12〜4月
花もち	3〜4日程度
流通	種子、切り花

その他の誕生花
スミレ（黄）

Field mustard

花言葉
快活／豊かさ

43

【この日生まれの人】
冴えた頭脳と話術とで多くの
人を惹きつけます。共感力の
高さも持ち味。多方面に才能
を持ち、次々と自分をグレー
ドアップしていくはず。

誕生花

パンジー／ビオラ
（アプリコット）

花期が長く冬でも楽しめて人気のパンジー、
ビオラですが、日本に渡来したのは江戸
時代末期です。毎年、新しい花色が誕生し、
ピンクでもオレンジでもないアプリコッ
トカラーはアレンジメントにすると新鮮
な印象に。優美な色合いは花壇や寄植え
にも。パンジーとビオラの違いは花の大
きさで、小さい方がビオラです。大きな
パンジーは切り花でも出回ります。

花言葉
楽しい気分

Pansy/Viola

Flower Data

分類	スミレ科スミレ属
別名	サンシキスミレ（三色菫）、 ユウチョウカ（遊蝶花）
開花期	秋〜春
出回り期	11〜5月
花もち	3日〜1週間程度
流通	種子、苗、鉢植え、切り花

その他の誕生花
ウメ、ワスレナグサ

誕生花

ホトケノザ 仏の座

すっと伸びた茎に段々についた、仏像の
台座のような葉が特徴です。茎の先に紅
紫色の唇形の筒状花を咲かせます。ホト
ケノザには普通に花開く開放花と、蕾が
開かないまま種子をつける閉鎖花があり
ます。受粉が難しい環境でも子孫を残す
ための戦略がこのような仕組みを生み出
しました。春の七草のホトケノザは、キ
ク科のコオニタビラコで別の花です。

2/8 Feb.

[この日生まれの人]
自由な発想力をもちつつ行動
は常識をわきまえていて、リ
ーダー的存在になれる人。困
難があっても諦めず、粘り強
く飛躍していけるでしょう。

Flower Data

分類	シソ科オドリコソウ属
別名	サンガイグサ（三階草）
開花期	春〜初夏
流通	—

その他の誕生花
ストック（ピンク）、ユキノシタ、
ワックスフラワー

花言葉
輝く心
調和

Henbit

45

2/9 Feb.

[この日生まれの人]
一見すると柔らかな雰囲気ながら、内面は意外と硬派なタイプ。興味のあるものに一途で、空想の翼を自由に広げ、楽しむことができる人です。

誕生花
カワヅザクラ 河津桜

２月上旬には見頃を迎える早咲きのサクラで、濃いピンク色の愛らしい花を咲かせます。早咲きのカンヒザクラと、葉が桜餅を包むのに使われるオオシマザクラを交配した園芸品種だと考えられています。１か月ほどかけてゆっくり満開となるため、長い期間楽しむことができます。ソメイヨシノより花が大ぶりなので、樹全体がピンクに染まって艶やかです。

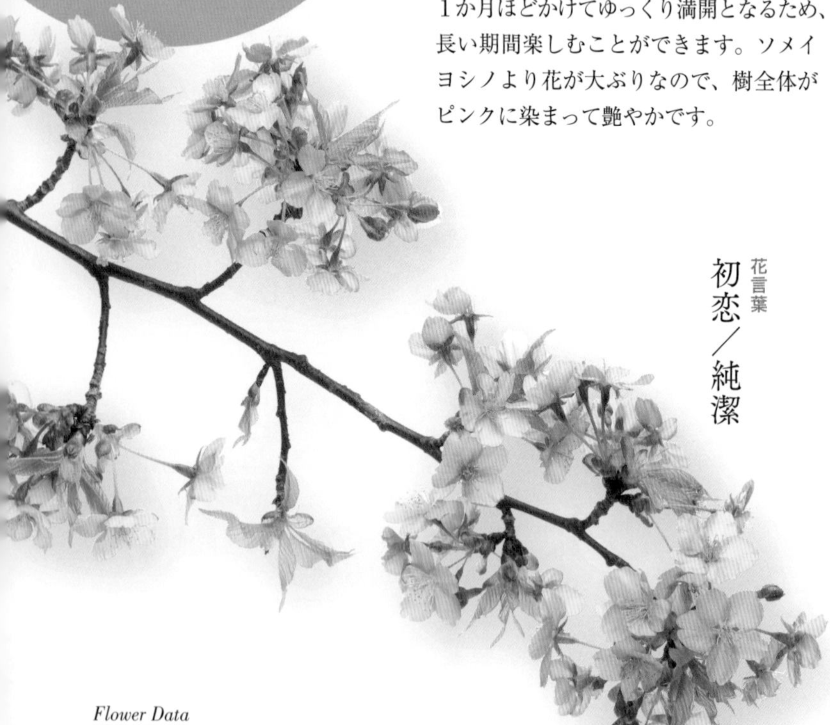

花言葉
初恋／純潔

Kawazu-zakura

Flower Data

分類	バラ科サクラ属
別名	—
開花期	冬～春
出回り期	１～３月
花もち	１週間程度
流通	苗、鉢植え、切り花

その他の誕生花
カトレア、ゼンマイ

誕生花

ジンチョウゲ 沈丁花

初夏のクチナシ、秋のキンモクセイと並び、香りの良い花を咲かせることで知られるジンチョウゲ。甘酸っぱい香りが、爽やかに気分を盛り立ててくれます。原産地は中国で、日本でも室町時代にはすでに庭木として愛でられていました。花の色は白、紫色が一般的ですが、黄色い花の園芸品種もあります。花のない時期も楽しめる斑入りの葉のものもあります。

Winter daphne

花言葉

栄光／不滅

Flower Data

分類	ジンチョウゲ科ジンチョウゲ属
別名	センリコウ（千里香）
開花期	冬～春
出回り期	9～12月
花もち	10日程度
流通	苗、鉢植え、切り花

その他の誕生花
エリカ、コデマリ、ヒマラヤユキノシタ

2/11 Feb.

[この日生まれの人]

のんびりとマイペースに見えて、緻密な計算もできる人。志は高く、大きな夢をもっています。地道に、確実に歩みを進めていくでしょう。

誕生花

イベリス

「キャンディタフト（砂糖菓子の房）」という甘い響きの英名にふさわしく、しなやかな細い茎の先に可憐な花が集まって咲く様子がなんとも愛らしい花です。4弁の花は、外側の2弁が大きいのが特徴。香りの良い花を咲かせるアマラ、白・赤・ピンク・淡紫色と花の色が豊富なウンベラータ、花が小型で香りの強いオドラータなどといった品種があります。

Candytuft

花言葉

心をひきつける
初恋の思い出
甘い誘惑

Flower Data

分類	アブラナ科イベリス属
別名	マガリバナ（屈曲花）、トキワナズナ（常磐薺）
開花期	春
出回り期	12〜7月
花もち	5日〜1週間程度
流通	種子、苗、鉢植え、切り花

その他の誕生花
カルミヤ

Chinese fringe bush

2/ Feb.
12

[この日生まれの人]
理知的でありながら伸びやか
で素直なところが魅力的な人。
人には見せませんが、意外と
寂しがり屋で涙もろく、博愛
精神にも溢れた人情派です。

花言葉
霊感
おまじない

誕生花

ベニバナトキワマンサク

紅花常磐満作

「トキワマンサク」の名は、花がマンサク
に似て常緑樹であることに由来します。
トキワマンサクは白い花が咲きますが、
こちらは自然変異の赤花種で、鮮やかな
紅色の花が枝先に群れるように咲きます。
枝を覆い尽くすように花がつく姿は華や
かで神秘的。新葉が赤紫色の品種は、切
り枝にすると、新葉の赤紫色と成長した
葉の緑色のコントラストが楽しめます。

Flower Data

分類	マンサク科トキワマンサク属
別名	アカバナトキワマンサク（赤花常磐満作）
開花期	春
出回り期	4〜5月
花もち	1週間程度
流通	苗、鉢植え、切り花

その他の誕生花
サンシュユ、プリムラ・マラコイデス

49

2/13

Feb.

[この日生まれの人]
独自の価値観をもち、生活や人生に良い意味でのこだわりがあります。勘よりも理論をとる頭脳派ですが、内に秘めた心は慈愛に満ちています。

Freesia

誕生花

フリージア（紫）

しなやかな茎に、良い香りの10個前後の花を上向きにつけます。紫色の花は神秘的で優美な雰囲気を放って、アレンジメントを大人っぽくエレガントに見せてくれます。黄色や白の花ほど香りは強くありませんが、すっきりとした芳香があります。フリージアの花は茎の先端に向かって順に開くので、こまめに花がらを摘むと美しい花姿を保てます。

Flower Data

分類	アヤメ科フリージア属
別名	アサギスイセン（浅黄水仙）、コウセツラン（香雪蘭）
開花期	春
出回り期	通年
花もち	5日〜1週間程度
流通	球根、苗、鉢植え、切り花

その他の誕生花
アルメリア、イワレンゲ

花言葉
憧れ

50

[この日生まれの人]
フリーダム精神に満ち、確かな自分の世界観をもつ人です。理想と現実とのギャップを埋めるため、惜しみない努力を払うでしょう。

花言葉
いつも快活／希望／喜び

Cineraria

誕生花
サイネリア

Flower Data

分類	キク科フウキギク属
別名	フウキギク（富貴菊）、フウキザクラ（富貴桜）
開花期	冬〜春
出回り期	9〜4月
花もち	5〜10日程度
流通	種子、苗、鉢植え、切り花

その他の誕生花
ジャーマンカモミール、シュンラン、ピットスポルム、フリージア（黄）

冬の寒い時季から咲くサイネリアは、花の少ない季節でも楽しめる鉢花として流通しています。1つの株にたくさんの花が密集して咲き、色のバリエーションも豊富。花期が長く、鮮やかな花の色と寒さをものともせず元気に咲くのも魅力です。「富貴菊」の別名の由来ははっきりしませんが、「富貴」の語には財産もあり地位も高いという意味があります。

51

<table>
<tr><td>2/</td><td>Feb.</td></tr>
<tr><td colspan="2">15</td></tr>
</table>

[この日生まれの人]

人が好きで議論も好きな社交家。頭の中にたくさんのアイデアが詰まっています。楽しい発想で、毎日を生き生きとポジティブに過ごすでしょう。

誕生花

チューリップ（パーロット咲き）

パーロットとはオウム（Parrot）のこと。フリルの入った花弁がオウムの羽のように見えることにちなみます。蕾の時と開花した後のドラマチックな変化を楽しめるパーロット咲き。赤や白、紫、ピンクの単色のほかバイカラーのものもあります。一重咲きや八重咲き、フリンジ咲き、ユリ咲きなど、咲き方の異なるものを取り合わせて飾るのも素敵です。

花言葉

愛の表現

Tulip

Flower Data

分類	ユリ科チューリップ属
別名	ウコンコウ、ウッコンコウ（鬱金香）
開花期	春
出回り期	11〜5月
花もち	5日程度
流通	球根、鉢植え、切り花

その他の誕生花
ジャスティシア、ミツマタ

誕生花

カーネーション

赤や白が定番のカーネーションですが、温かみのあるピンクやオレンジ、キュートな印象の黄色、神秘的な雰囲気の紫や青など、実は色のバリエーションが豊富な花です。日本には、江戸時代にオランダの貿易船によってもたらされ、中国原産のナデシコの仲間のセキチクに花の形が似ていることから「オランダセキチク（和蘭石竹）」とよばれました。

[この日生まれの人]
周囲に明るく爽やかな印象を与える人。難しいこともサラリとやってのける頭脳と決断力にも恵まれ、悔いのない人生を送れるタイプ。

Carnation

花言葉

無垢で深い愛／感動（ピンク）
気品（紫）／永遠の幸福（青）
友情（黄）／純粋な愛（オレンジ）

Flower Data

分類	ナデシコ科ナデシコ属
別名	オランダセキチク（和蘭石竹）、ジャコウナデシコ（麝香撫子）
開花期	春
出回り期	通年
花もち	1週間〜10日程度
流通	種子、苗、鉢植え、切り花

その他の誕生花
ラッパズイセン

2/17 Feb.

[この日生まれの人]
常に前向きで、未来への希望
に満ち溢れています。清々し
い魅力をもち、熱いパッショ
ンとクールさとを上手に使い
分け、幸せをつかむでしょう。

Mimosa

花言葉
秘密の恋
友情

誕生花
ミモザ

春、枝に密集して咲く丸くて小さな黄色
い花が人目を惹きつけます。葉と黄色い
花のコントラストも美しく、庭木として
も愛されています。晴れた日には鮮やか
な花の色が空の青さに映え、見ているだ
けで気分が浮き立ってくるようです。切
り花はリースの花材として人気ですが、
乾燥しても黄色い色が残ることからドラ
イフラワーにしても楽しめます。

Flower Data

分類	マメ科アカシア属
別名	ギンヨウアカシア（銀葉アカシア）
開花期	春
出回り期	12〜3月
花もち	1週間程度（1つの花は1日）
流通	苗、切り花

その他の誕生花
スノーフレーク

誕生花

オオアラセイトウ 大紫羅欄花

ナノハナの仲間で、春に淡い紫色の4弁の花を咲かせます。素朴な花姿ですが、紫色の花弁と葉の緑、雄しべや雌しべの黄色とのコントラストがなんともいえず美しい花です。花の色は、開花後日が経つにつれて薄くなっていきます。丈夫で繁殖力が強く、こぼれ種でも増えるため、野生化して野原一面を紫色に染め上げることもあります。

[この日生まれの人]

穏やかでおっとりした物腰で、内面には繊細なハートを持った人。密やかに自分の世界を育てて、充実した人生を送ることができるでしょう。

Flower Data

分類	アブラナ科ショカツサイ属
別名	ショカツサイ（諸葛菜）、ムラサキハナナ（紫花菜）
開花期	春〜初夏
出回り期	2〜5月
花もち	2週間程度
流通	種子、苗、切り花

その他の誕生花
アルストロメリア、キンギョソウ

Chinese violet cress

花言葉 聡明

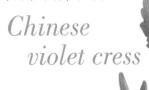

55

2 / Feb. 19

Mulan magnolia

花言葉
自然への愛／威厳／崇高

誕生花
モクレン 木蓮

春、サクラの開花と前後して、枝いっぱいに空を見上げるような上向きの花を咲かせるモクレン。日本には古くに薬用として伝来しました。香りも良く、白い花を咲かせるハクモクレンとともに、庭木として愛されています。枝ものとしてリビングなどに飾るのも季節を感じられてよいものです。室内が温かすぎると花もちが悪くなるので気をつけて。

Flower Data

分類	モクレン科モクレン属
別名	シモクレン（紫木蓮）、ハネズ（唐棣花、棠棣、朱華）、モクレンゲ（木蓮華）
開花期	春
出回り期	9〜12月（苗）、1〜4月（切り花）
花もち	1週間程度
流通	苗、切り花

その他の誕生花
プリムラ・ポリアンサ、
ユーフォルビア・フルゲンス

[この日生まれの人]
優しく親切で、献身的。ボランティア精神に溢れた人。実はシビアなリアリストの一面もあるしっかり者な面も。着実な人生を送るでしょう。

花言葉
恩恵
控えめな美

Winter jasmine

誕生花

オウバイ 黄梅

枝垂れた枝いっぱいに2cmほどの黄色い花を咲かせ、あたりを華やかに明るく彩ります。黄梅と書きますが、ウメの仲間ではなくジャスミンの仲間。でも、花にはジャスミンのような芳香はありません。中国原産で、日本には江戸時代の初め頃に渡来したといわれています。この花が開くと春になるので、「迎春花」の中国名があります。

Flower Data

分類	モクセイ科ソケイ属
別名	ゲイシュンカ (迎春花)
開花期	春
出回り期	2～4月
花もち	10日～2週間程度
流通	苗、鉢植え

その他の誕生花
ストック (紫)、マーガレット

Flower Data

分類	フトモモ科ネズミモドキ属
別名	マヌカティーツリー
開花期	春〜初夏、冬
出回り期	3〜5月
花もち	3週間程度
流通	苗、鉢植え、切り花

[この日生まれの人]
ふんわりと甘い雰囲気を漂わせている人。慎重派な面もあり、無類の勉強好きなので、学ぶことがライフワークのひとつになることでしょう。

その他の誕生花
スミレ（紫）

Manuke tea tree

人見知り

花言葉

誕生花

ギョリュウバイ 御柳梅

密に茂った細い枝に沿うように、無数の小花を咲かせ、株を華やかに彩るギョリュウバイ。蝋細工のような見た目とドライフラワーのような質感で、発色の良い花が特徴です。花の色にはピンク、白、紅色があり、日本では八重咲きが多く出回っています。花の色や質感が長期間変わらないのも魅力で、ドライフラワーにして楽しむこともできます。

誕生花

ユーチャリス

ブライダルの花として人気のユーチャリス。スイセンにも似た佇まいと上品な白とフレッシュグリーンの花色、爽やかな香りが愛されています。「よく目立つ」というギリシャ語に由来する名のとおり、中央に王冠やティアラを戴いたように見える花姿が人目を惹きます。ギボウシに似たツヤのある大きな葉は、花のない時期にはグリーンとしても楽しめます。

[この日生まれの人]
愛に溢れた平和主義者で、ゆったりとしたペースで生きていく人。周囲のサポートにも恵まれ、得意分野で能力を伸ばしていくことができそう。

花言葉
清らかな心
気品
純愛

Amazon lily

Flower Data

分類	ヒガンバナ科ユーチャリス（エウカリス）属
別名	ギボウシスイセン（擬宝珠水仙）、アマゾンユリ
開花期	夏〜冬
出回り期	10〜2月
花もち	1週間程度
流通	球根、苗、鉢植え、切り花

その他の誕生花
ハナニラ、フリージア（赤）

[この日生まれの人]
豊かなインスピレーションを
授けられた感覚派の人。礼儀
正しく常識的な一面と豪快な
一面とが同居し、不思議な魅
力を醸し出しています。

誕生花

ハナニラ 花韮

南米原産の花ですが野生化し、いつの間
にか庭の片隅に芽を出していることも。
葉や茎にニラのような匂いがあることか
らこの名がつけられました。甘い香りが
する可憐な花は5cmほどの大きさで、
白や淡青色、淡紫色など。花びらの中央
に淡い色のラインが入るのが特徴です。
英名の「Spring starflower（スプリング・
スターフラワー）」は花の形にちなみます。

花言葉
耐える愛／悲しい別れ

Spring starflower

Flower Data

分類	ヒガンバナ科ハナニラ属
別名	イフェイオン
開花期	春
出回り期	3〜4月
花もち	2〜3日程度（鉢）
流通	苗、鉢植え、球根

その他の誕生花
スノーフレーク、ヒロスムポピー

誕生花

ツルニチニチソウ 蔓日日草

株元から多数のつるを伸ばして広がり、春、淡い紫色の花を咲かせます。深く5つに切れ込んだ花びらは、プロペラのように一方向にねじれているのが特徴です。1つひとつの花は短命ですが、次々と花を咲かせるので、長い期間、目を楽しませてくれます。常緑で、美しい斑入りの葉をもつ品種もあるので、花のない時期はグリーンとしても楽しめます。

[この日生まれの人]
感性と直感力に恵まれた人。他人のために一生懸命になれる奉仕精神もあります。パワフルな足取りで、しっかりと人生を歩んでいくでしょう。

花言葉
楽しい思い出
幼なじみ

Bigleaf periwinkle

Flower Data

分類	キョウチクトウ科ツルニチニチソウ属
別名	—
開花期	春〜初夏
出回り期	通年
花もち	1〜2日程度（鉢）
流通	苗、鉢植え

その他の誕生花
アイスランドポピー、アマリリス、バイモ

2/25 Feb.

[この日生まれの人]
感じやすく、繊細な心をもった人。気持ちが移ろいやすいところもミステリアスな魅力に。その内面には、優しく慈悲深い心も同居しています。

Musk rose

誕生花

ムスクローズ

香りがよく、古くは「ジャコウバラ（麝香薔薇）」と呼ばれた例も。シェイクスピアの『夏の夜の夢』には、妖精の女王ティターニアが眠るのは、ムスクローズや野ばら、スイカズラがからまってさながら天蓋のベッドのようになった木陰とあります。当時はよく知られたバラだったようですが、栽培の歴史が長いため、野生の起源がわからなくなっています。

花言葉
移り気な愛

Flower Data

分類	バラ科バラ属
別名	ロサ・モスカータ
開花期	春
出回り期	5月
花もち	3週間程度
流通	苗、鉢植え

その他の誕生花
ハナカイドウ、ラナンキュラス

62

誕生花

ユキヤナギ 雪柳

早春の花として愛されるユキヤナギ。細くしなった枝に、小さな5弁の白い花が数多く咲く姿は、まるで雪に覆われたかのように優美です。はらはらと花びらが散る様子にも風情があり、開花後の新芽や若葉の瑞々しいグリーンも美しく、長く目を楽しませてくれる花木です。流れるように繊細に伸びた枝ぶりが、自由で生き生きとして見えるのも魅力です。

Thunberg's meadowsweet

花言葉 愛嬌／愛らしさ

Flower Data

分類	バラ科シモツケ属
別名	コゴメバナ（小米花）
開花期	春
出回り期	2〜4月
花もち	1週間程度（一枝）
流通	苗、鉢植え、切り花

その他の誕生花
リムナンテス、ローダンセマム

63

[この日生まれの人]
思いやりに溢れ、人に尽くす
ことに喜びを感じるタイプ。
裏方でのバックアップも得意
で、細やかな気配りで周囲の
信頼を得ていくでしょう。

誕生花

ギリア

切り花としてよく出回っているのは、紫色の小さな花が毬のように集まって咲くギリア・レプタンサと、それよりひと回り小さな花を咲かせるギリア・カピタータ。しなやかな茎と糸のように細く繊細な葉をもち、ふんわりと優しい雰囲気が魅力です。花の中央の色が濃く、目のように見えるため「鳥の目」ともよばれるギリア・トリコロールという品種もあります。

花言葉
気まぐれな恋

Gilia

Flower Data

分類	ハナシノブ科ギリア属
別名	タマザキヒメハナシノブ（玉咲姫花忍）、ヒメハナシノブ（姫花忍）
開花期	夏
出回り期	11～5月
花もち	3～5日程度／2週間程度（カピタータ）
流通	種子、苗、鉢植え、切り花

その他の誕生花
ユキヤナギ、ワビスケ（ピンク）

誕生花
フリージア

香り高く、弓なりに花をつけるたおやかな姿のフリージア。春の花の女王といっても過言ではないでしょう。一般的に香りが強いのは白や黄色の花を咲かせる品種なのだそう。香水の香りとして人気ですが、そのほとんどは合成香料です。この花の発見者が、大切な親友の医師フレーゼにちなんでフリージアと名づけたことから、「親愛の情」の花言葉があります。

[この日生まれの人]
陽気で明るい個性の持ち主。優れた直感とひらめきとで周囲の注目を集めそう。ふわふわとしていて、とらえどころのない面もまた魅力です。

花言葉
親愛の情

Freesia

Flower Data

分類	アヤメ科フリージア属
別名	アサギスイセン（浅黄水仙）、コウセツラン（香雪蘭）
開花期	春
出回り期	通年
花もち	5日〜1週間程度
流通	球根、鉢植え、切り花

その他の誕生花
ゲッケイジュ

Edging lobelia

[この日生まれの人]
夢見がちでありながら、信じ
るものに向かって少しずつ歩
みを進める堅実さをもった人。
自己主張するよりもサポート
役に回ることを楽しみます。

花言葉

奥ゆかしい態度

Flower Data

分類	キキョウ科ミゾカクシ属
別名	ルリミゾカクシ（瑠璃溝隠）、ルリチョウソウ（瑠璃蝶草）
開花期	春〜夏
出回り期	3〜4月（苗）
花もち	3週間程度
流通	種子、苗、鉢植え

その他の誕生花
シュンラン、ワスレナグサ

誕生花

ロベリア（白）

小さな蝶が群れ集まったかのように、株いっぱいに無数の花を咲かせるロベリア。花壇の縁取りやハンギングバスケットに人気の花です。別名にルリとつくのは、一般に親しまれている南アフリカ原産のロベリア・エリヌスが青い花を咲かせることから。園芸品種が多く花色も豊富で、写真の輝くような白のロベリアは繊細で可憐です。

都道府県の花

都道府県のシンボルとして、地域の人々が愛する
縁（ゆかり）の深い花が選ばれています。

北海道	ハマナス		大阪府	サクラソウ・ウメ
青森県	リンゴの花		兵庫県	ノジギク
岩手県	キリ		奈良県	ナラヤエザクラ
秋田県	フキノトウ		和歌山県	ウメ
宮城県	ミヤギノハギ		鳥取県	二十世紀ナシの花
山形県	ベニバナ		島根県	ボタン
福島県	ネモトシャクナゲ		岡山県	モモの花
茨城県	バラ		広島県	モミジ
栃木県	ヤシオツツジ		山口県	ナツミカンの花
群馬県	レンゲツツジ		徳島県	スダチの花
埼玉県	サクラソウ		香川県	オリーブ
千葉県	ナノハナ		愛媛県	ミカンの花
東京都	ソメイヨシノ		高知県	ヤマモモ
神奈川県	ヤマユリ		福岡県	ウメ
新潟県	チューリップ		佐賀県	クスの花
富山県	チューリップ		長崎県	ウンゼンツツジ
石川県	クロユリ		熊本県	リンドウ
福井県	スイセン		大分県	ブンゴウメ
山梨県	フジザクラ		宮崎県	ハマユウ
長野県	リンドウ		鹿児島県	ミヤマキリシマ
岐阜県	レンゲ		沖縄県	デイゴ
静岡県	ツツジ			
愛知県	カキツバタ			
三重県	ハナショウブ			
滋賀県	シャクナゲ			
京都府	シダレザクラ・サガギク・ナデシコ			

皇居「花の輪」タイル
皇居の外周には100m間隔で、各都道府県の花をモチーフにしたタイルが配置されています。

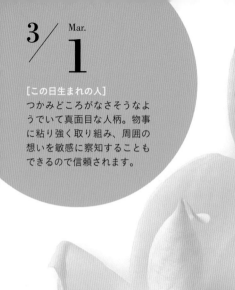

3/1 Mar.

花言葉
慈悲の心

Yulan magnolia

誕生花

ハクモクレン 白木蓮

紫色の花を咲かせるシモクレンは3〜4mほどの低木ですが、ハクモクレンは、ときに15m以上にも成長する高木です。シモクレンより1か月ほど早く、ふくよかな乳白色の花を枝いっぱいにつけます。そのさまは、まるで高い梢（こずえ）に無数の白鳥が羽を休めているかのようで、印象的です。花はエレガントな甘い香りをもち、盛りのころには遠くまで芳香を漂わせます。

Flower Data

分類	モクレン科モクレン属
別名	ハクレン、ビャクレン（白蓮）
開花期	春
出回り期	1〜4月
花もち	1週間程度
流通	苗、切り花

その他の誕生花
プリムラ・オブコニカ、
ヤグルマギク

誕生花

ラナンキュラス（赤）

大輪のバラのような八重咲きの赤いラナンキュラスなら、1輪でも華やかに存在感を発揮します。深みのあるワインレッドから鮮やかな緋色まで赤色のバリエーションが豊富で、赤いラナンキュラスだけでもドラマチックで素敵なアレンジメントに。「蛙」を意味するラテン語に由来する花名は、葉の形が蛙の足に似ていることからついたとされています。

[この日生まれの人]

情が深く、献身的なまでの優しさの持ち主。聞き上手で周囲から信頼され、リーダーシップもとれるでしょう。感受性を武器に活躍できる人です。

花言葉
あなたは魅力に満ちている（赤）

Ranunculus

Flower Data

分類	キンポウゲ科キンポウゲ属
別名	ハナキンポウゲ（花金鳳花）、ウマノアシガタ（馬の脚型）
開花期	春
出回り期	10〜6月
花もち	3〜5日程度
流通	球根、苗、切り花

その他の誕生花
オキザリス、ストック（赤）

69

[この日生まれの人]
子どものように素直で人懐っこいタイプ。ロマンチストな一面も。一方で論理的な思考をすることも得意で、多くの人から愛されるでしょう。

誕生花

ハナモモ 花桃

『古事記』や『万葉集』にも登場し、古くから日本人に馴染みのあるモモ。元々中国からもたらされた花ですが、江戸時代になって観賞用に品種改良されて生まれたのがハナモモです。ぷっくりと膨らんだ蕾やふんわりと可愛らしい花が魅力です。3月3日の桃の節句に飾る花として、2月から切り花が出回ります。ピンク、白、紅などの花色のバリエーションがあります。

花言葉
あなたに心を奪われた

Hana peach

Flower Data

分類	バラ科モモ属
別名	―
開花期	春
出回り期	2〜3月
花もち	3〜4日程度
流通	苗、鉢植え、切り花

その他の誕生花
シロツメクサ、モモ（ピンク）

誕生花

チューリップ（赤）

赤いチューリップには「愛の告白」というロマンチックな花言葉があります。シンプルで愛らしい花姿のチューリップの花束は、率直な愛の告白にぴったりなのではないでしょうか。イギリスのとある地方では、そんなチューリップのカップ状の花にちなんだ愛らしい伝説も。妖精がチューリップに子どもを寝かせ、風で揺らしてあやすのだそうです。

花言葉
愛の告白

Tulip

Flower Data

分類	ユリ科チューリップ属
別名	ウコンコウ、ウッコンコウ（鬱金香）
開花期	春
出回り期	11〜5月
花もち	5日程度
流通	球根、鉢植え、切り花

その他の誕生花
アイスランドポピー

3 / Mar. 5

Flower Data

分類	キンポウゲ科イチリンソウ属
別名	ボタンイチゲ（牡丹一華）、ハナイチゲ（花一華）、ベニバナオキナグサ（紅花翁草）
開花期	春
出回り期	11〜4月
花もち	3〜5日程度
流通	球根、苗、鉢植え、切り花

その他の誕生花
ギリア、ストック（一重咲き）、モモ（白）

[この日生まれの人]
底知れぬ慈愛の精神をもち、人の役に立つことに喜びを感じます。寂しがり屋で甘えん坊な一面も、周囲からは可愛げとして好印象をもたれそう。

Anemone

花言葉
君を愛する（赤）
期待（白）
あなたを待っています（青紫）

誕生花
アネモネ

花びらに見えるのは萼（がく）で、中心の黒紫色の部分がアネモネの花です。濃い色のコントラストが見る人にミステリアスな印象を与えます。一重咲き、半八重咲き、八重咲き、丁字（ちょうじ）咲きの種類があり、ビビッドカラーからパステルカラーまで花色も豊富です。動きのある茎と細かく裂け目が入った葉をもち、1本だけで生けても美しいオブジェのようです。

誕生花

スノーボール

スノーボールはヨウシュカンボクの園芸品種。アジサイのような手毬状の花を咲かせることから「セイヨウテマリカンボク」の別名があります。明るい黄緑色の花は、アレンジメントをスタイリッシュに引き締めます。紅葉も美しいので、庭木としても人気です。庭木では、花が咲き進むにつれて細い枝が重みで下を向く姿も美しく、風情を感じられます。

Flower Data

分類	スイカズラ科ガマズミ属
別名	セイヨウテマリカンボク（西洋手毬肝木）、ビバーナム、ビバーナム・スノーボール
開花期	春
出回り期	3〜12月
花もち	5日〜1週間程度
流通	苗、鉢植え、切り花

その他の誕生花
オオデマリ、チューリップ（赤）

花言葉
茶目っ気
大きな期待

Snowball

花言葉
ひそやかな愛情

Stock

誕生花

ストック（白）

ふわふわとした花が太い茎の先に集まって咲きます。アレンジメントに人気の花で、白い花だけで清楚にまとめても、ストックのボリュームと甘い香りで華やかに。また、枝分かれして小さな花をたくさんつけるスプレータイプは、切り分けて使うのに便利です。全体に柔らかい毛があることから、毛織物の「ラシャ」を意味するポルトガル語に由来する和名があります。

Flower Data

分類	アブラナ科アラセイトウ属
別名	アラセイトウ（紫羅欄花）
開花期	春
出回り期	10〜5月
花もち	5日〜1週間程度
流通	苗、鉢植え、切り花

その他の誕生花
ナノハナ、ラッパズイセン

Love in a mist

花言葉
夢の中の恋

誕生花

ニゲラ

糸のように細く繊細な葉をもつニゲラ。花びらのように見えるのは萼で、本来の花は小さく退化しています。針のような細い葉に守られるように囲まれて、ふんわりと柔らかい雰囲気を醸し出しているのが特徴です。花の色も青、紫、ピンク、白と優しいパステルカラー。風船のように膨らんだ果実は、ドライフラワーの花材としても人気です。

Flower Data

分類	キンポウゲ科クロタネソウ属
別名	クロタネソウ（黒種草）、フウセンポピー（風船ポピー）
開花期	初夏
出回り期	1〜6月
花もち	3〜5日程度
流通	種子、苗、切り花

その他の誕生花
チューリップ（白）、バイモ

[この日生まれの人]
ガラスのような繊細なハートをもちつつ、芯の強さと大胆な一面も兼ね備えたタイプ。人としての奥深さが魅力で、多くの人を惹きつけます。

花言葉
きらめく愛
胸に火を灯す
素朴な愛らしさ

誕生花

ストロベリーキャンドル

イチゴやキャンドルの炎のように見える穂が何ともいえない可愛らしさです。小さな赤い花が下方から密に集まって咲き進み、それにつれて穂が伸びていきます。赤い花が群れて咲くさまは華やかで愛らしく、花壇の縁取りやグラウンドカバーとして人気です。イチゴのような真っ赤な花を咲かせることからこの名がありますが、白い花が咲く品種もあります。

Crimson clover

Flower Data

分類	マメ科シャジクソウ属
別名	ベニバナツメクサ（紅花詰草）、クリムソンクローバー、レッドクローバー
開花期	春〜初夏
出回り期	11〜6月
花もち	1週間〜10日程度
流通	種子、苗、鉢植え、切り花

その他の誕生花
アザレア（白）、アセビ、
プリムラ・ポリアンサ

誕生花

スプレーカーネーション

枝分かれした茎の先に、小さめの可愛らしい花を咲かせるスプレーカーネーション。スタンダードタイプのカーネーションに比べて花もちがよいのが魅力。切り分けてアレンジすることができ、蕾がついている場合はそれが開く楽しみもあります。ナデシコのような一重咲きや、「マイクロカーネーション」とよばれるさらに小さな花を咲かせる品種もあります。

[この日生まれの人]

イマジネーションが豊かで、他者の気持ちを自然に想像できる人。その共感力の高さから周囲に好感をもたれます。人に恵まれる運勢です。

花言葉
素朴

Spray carnation

Flower Data

分類	ナデシコ科ナデシコ属
別名	オランダセキチク（和蘭石竹）、ジャコウナデシコ（麝香撫子）
開花期	春
出回り期	通年
花もち	1週間〜10日程度
流通	種子、苗、鉢植え、切り花

その他の誕生花
アザレア、ブルーレースフラワー

77

3/11 Mar.

[この日生まれの人]
子どものようにピュアで素直な心の持ち主。無邪気な姿が周囲の多くの人の癒しに。また、知的好奇心が非常に旺盛なのも魅力のひとつ。

Flower Data

分類	キジカクシ科ラケナリア属
別名	アフリカ・ヒヤシンス（阿弗利加風信子）、ラシュナリア
開花期	秋〜春
出回り期	12〜4月
花もち	1か月程度
流通	球根、苗、鉢植え、切り花

その他の誕生花
ハナビシソウ（カリフォルニアポピー）、ユキヤナギ

誕生花

ラケナリア

太い茎にベル形や壺形の花が10〜20個、茎に並ぶようにして咲きます。花びらには蝋細工のような透け感があり、ピンク、赤、白、黄、オレンジ、緑、青、紫やバイカラーなど、花色のバリエーションが豊富なのも魅力です。属名から「ラシュナリア」ともよばれます。これはスイスの植物学者ド・ラ・シュナルの名にちなんでいます。

Cape cowslip

花言葉
変化／好奇心

誕生花

ワックスフラワー

蠟細工のような光沢のある花と針のような細い葉が特徴です。たくさん枝分かれして、株いっぱいにウメの花に似た小さな花を咲かせます。花の色には白、ピンクがあり、花もちがよいので長く楽しめます。葉や枝に甘酸っぱい香りをもつもの、さらに小さな花を咲かせる品種、染色液を使って青色などの花にした染めのワックスフラワーも出回っています。

花言葉
かわいらしさ
まだ気づかれない長所

Wax flower

Flower Data

分類	フトモモ科カメラウキウム属
別名	カメラウキウム
開花期	春
出回り期	通年
花もち	2週間程度
流通	苗、鉢植え、切り花

その他の誕生花
エニシダ、クンシラン

誕生花
アルストロメリア

アレンジやブーケに用いられることが多いアルストロメリア。脇役に回ることもある花ですが、花びらの内側に濃い色の線状の模様が入った花は、エキゾチックで存在感抜群。花茎の先にたくさん花をつけるので、1本だけで飾っても十分華やかです。「インカの百合」を意味する英名は、アンデスの寒冷地に自生し、ユリのように美しい花を咲かせることから。

Lily of the Incas

花言葉
未来への憧れ
持続

Flower Data

分類	ユリズイセン科アルストロメリア属
別名	ユリズイセン（百合水仙）、ユメユリソウ（夢百合草）
開花期	春
出回り期	通年
花もち	5日～1週間程度
流通	球根、苗、切り花

その他の誕生花
エニシダ、チューリップ（黄）

誕生花

ジャーマンカモミール

安眠・リラックスなどの効果をもつハーブとして知られるカモミール。リンゴのような香りの白い花には素朴な魅力があります。開花してから日が経つにつれて中央の黄色い筒状花（とうじょうか）の集まった部分が盛り上がり、白い舌状花（ぜつじょうか）が反り返るのが特徴です。丈夫で育てやすく、花つきがよいため、花壇の花としても人気。花と枝葉は草木染に利用されることもあります。

German chamomile

[この日生まれの人]

想像力が豊かで、夢見がち。空想好きなタイプです。アップダウンの多い人生を歩みますが、面白い出会いを引き寄せるパワーも備えます。

花言葉
苦難に耐える
あなたを癒やす

Flower Data

分類	キク科シカギク属
別名	カミツレ、カモマイル、カモミーユ
開花期	春
出回り期	4〜7月
花もち	4〜5日程度
流通	種子、苗、切り花

その他の誕生花

イベリス、シザンサス

3/15 Mar.

[この日生まれの人]

周囲に尽くすことに喜びを感じる奉仕精神に溢れた人。人の笑顔や感謝の言葉が最高のごほうびです。理想主義的な考え方をするタイプでも。

Lace flower

誕生花

レースフラワー

ブーケやアレンジメントのボリュームを出すのによく使われ、カスミソウと同様、どんな花とも合わせやすい花です。白い小さな花が集まって傘状に大きく広がり繊細なレースのようにも見える大きな花房が、優雅でロマンチックな雰囲気を演出してくれます。単に「ホワイトレース」とよばれる花は「オルレア」の別名もあり、同じセリ科ですが別の花です。

花言葉
感謝
ほのかな思い

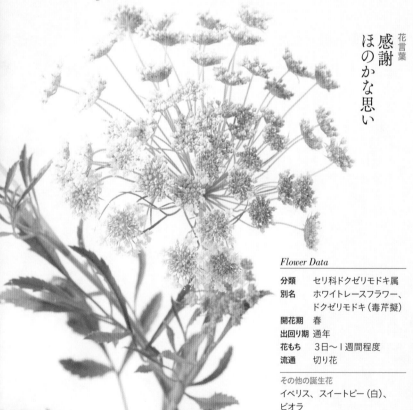

Flower Data

分類	セリ科ドクゼリモドキ属
別名	ホワイトレースフラワー、ドクゼリモドキ（毒芹擬）
開花期	春
出回り期	通年
花もち	3日～1週間程度
流通	切り花

その他の誕生花
イベリス、スイートピー（白）、ビオラ

誕生花

レウィシア

一般的に流通しているのはレウィシア・コチレドンといわれる品種です。北アメリカ原産の山野草で、放射状に広がった肉厚の葉の間から茎を伸ばして、1本の茎に数個ずつ、2〜4cmくらいの小さく色鮮やかな花を咲かせます。比較的寒さに強く、乾燥した土壌を好みます。一方、高温多湿の環境には弱いため、鉢植えで育てるのに向いている花です。

花言葉
熱い思い

Lewisia

Flower Data

分類	スベリヒユ科レウィシア属
別名	ルイシア
開花期	初夏
出回り期	2〜4月
花もち	2週間程度
流通	種子、苗、鉢植え

その他の誕生花
エキナセア、ジンチョウゲ、ハナズオウ

[この日生まれの人]

人一倍感受性が豊かで、繊細な心の持ち主。人を思いやる優しさがあり、協調性を大事にするタイプなので、周囲からの好感度が高いでしょう。

誕生花

サンシュユ 山茱萸

春、葉に先立って、短い枝の先に2〜3cmほどの花房が多数つきます。1つひとつの花房は4〜5mmほどの黄色い小さな花の集まりですが、株全体が黄金色に染め上げるようにして花咲く、美しい花木です。秋には紅葉と、珊瑚のような真っ赤な果実を楽しめます。この果実を薬用にするため、江戸時代に導入されました。果実は生でも食べられます。

Dogwood tree

花言葉

持続／強健

Flower Data

分類	ミズキ科サンシュユ属
別名	ハルコガネバナ（春黄金花）、アキサンゴ（秋珊瑚）
開花期	春
出回り期	1〜11月
花もち	1週間程度
流通	苗、切り花

その他の誕生花

イキシア、カルセオラリア

誕生花

ハナミズキ 花水木

街路樹として植えられることが多く、サクラの花が終わった頃、白やピンクの花を咲かせて、散歩や通勤の人の目を楽しませてくれます。花びらのように見えるのは花を保護する役割をもった葉で、黄緑色の小さな4弁の花が中央に集まって咲きます。秋の紅葉も美しく、また、枝先に数個集まってつく赤い果実は、葉が落ちた後も枝に残って木を彩ります。

花言葉

私の想いを受けとめてください

永続性

Flowering dogwood

Flower Data

分類	ミズキ科ミズキ属
別名	アメリカヤマボウシ
開花期	春
出回り期	4〜5月
花もち	5日〜1週間程度
流通	苗、切り花

その他の誕生花
アイリス、キンギョソウ

[この日生まれの人]
明るくパワフル。自分の思いに素直に従い、フットワークよく世界を広げていきます。デリケートなハートももち合わせ、涙もろい感激屋な面も。

誕生花

アザミ 薊

別名の「ドイツアザミ」は、日当たりの良い草原などに自生するノアザミを基に日本でつくられた園芸品種で、「ハナアザミ」ともよばれます。切り花として一般に出回っているアザミは、このドイツアザミ（写真）です。鋭いトゲがあり、枝葉の姿にも独特の雰囲気が。アザミだけを数本生けるのも侘び、寂びの風情があります。根は山牛蒡として漬物に使われます。

Japanese thistle

花言葉
独立／安心／厳格

Flower Data

分類	キク科アザミ属
別名	ノアザミ（野薊）、マユハキ（眉刷）、ドイツアザミ、ハナアザミ
開花期	春〜夏
出回り期	4〜11月
花もち	1週間程度
流通	種子、苗、切り花

その他の誕生花
アザレア（ピンク）、クチナシ、センテッドゼラニウム

［この日生まれの人］
鋭い感受性をもち、情緒豊かなタイプ。天真爛漫な愛らしさで周囲を魅了します。旺盛な好奇心と行動力とでさまざまなことに挑戦するでしょう。

花言葉
果てしなき愛

Miniature rose

誕生花
ミニバラ ミニ薔薇

多種多様なバラのなかでも、小型で小さな花を咲かせるミニバラ。贈り物の鉢花としても人気です。咲き方や花色のバリエーションも豊富で、大輪のバラにはない可憐でソフトな魅力があります。古くは愛と美の女神アフロディテに捧げられ、愛の象徴ともされるバラの花。ミニバラにも、それにふさわしい花言葉「果てしなき愛」がつけられています。

Flower Data

分類	バラ科バラ属
別名	ヒメバラ（姫バラ）
開花期	初夏〜初冬で品種によりさまざま
出回り期	通年
花もち	5日〜1週間程度
流通	苗、鉢植え、切り花

その他の誕生花
スイートピー、チューリップ（黄）

[この日生まれの人]
献身的で慈愛の心に満ちた人。穏やかに見えますが、内面には大きなエネルギーを秘め、目標に向かって力強く突き進んでいくでしょう。

誕生花

イカリソウ 碇草・錨草

日本にはおよそ7種のイカリソウが自生していますが、地域による個体差や変種が多く、古くからさまざまな品種が栽培されています。花の形が和船の碇に似ていることからこの名がつけられました。葉にも独特の風情があって美しく、花のない時期も葉を楽しむことができるのが魅力です。漢方では「インヨウカク」とよばれ、強壮剤などの薬用に利用されます。

花言葉
あなたを離さない
人生の門出

Bishop's hat

Flower Data

分類	メギ科イカリソウ属
別名	インヨウカク（淫羊霍）、サンシクヨウソウ（三枝九葉草）
開花期	春
出回り期	11〜4月
花もち	3週間程度
流通	苗

その他の誕生花
モクレン、バイモ、マンサク

誕生花

クモマグサ 雲間草

日本固有種のクモマグサは、高山の岩場や岩の割れ目などに自生し、栽培が難しいため市場にはほとんど出回りません。一般に出回っているのは、ヨーロッパ原産のクモマグサの仲間の交配種。小さな葉が密に茂って塊のようになった株から細い茎を伸ばし、1〜2cmほどのウメの花に似た可愛い花をたくさん咲かせます。白、ピンク、赤などの花色があります。

Irish saxifrage

花言葉
みなぎる力

[この日生まれの人]

冷静さと分析力をもち、行動力にも恵まれた人。野心家でもあり、内面に闘志を秘め、1人でも精力的に動き、人生を切り拓いていけるでしょう。

Flower Data

分類	ユキノシタ科ユキノシタ属
別名	ヨウシュクモマグサ（洋種雲間草）
開花期	春
出回り期	12〜5月
花もち	2〜3日程度（一輪）
流通	苗、鉢植え

その他の誕生花
アザレア（赤）、イベリス、ムクゲ

3 / 23 ^{Mar.}

3 / 23

Mar.

[この日生まれの人]
失敗することがあっても挫けないタフなハートの持ち主。底知れぬパワーと並外れた持久力をもち、実力を発揮してのぼり詰めていくでしょう。

誕生花

スイートアリッサム

小さな花が半球状に集まって次々と花を咲かせるスイートアリッサム。愛らしい花姿で、どんな花とも調和するので、花壇や寄植えに人気です。白い花がポピュラーですが、赤、ピンク、オレンジ、紫などの花色もあり、色を選べる楽しさがあるのも魅力です。暑い夏の時期にも開花するスーパーアリッサムという品種も出回っています。

花言葉
美しさにまさる価値
優美

Sweet alyssum

Flower Data

分類	アブラナ科ニワナズナ属
別名	ニワナズナ（庭薺）、アリッスム
開花期	冬～初夏、秋～冬
出回り期	3～4月、9～10月（苗）
花もち	5日程度
流通	苗、鉢植え

その他の誕生花
グラジオラス、タンポポ

3/ Mar.
24

Kobushi
magnolia

[この日生まれの人]
感受性が豊かで、喜怒哀楽が
はっきりした人。単純明快そ
うに見えて内面は繊細で複雑
ですが、人生の荒波も強い心
で乗り切っていくでしょう。

花言葉
友情

誕生花
コブシ 辛夷

大きなもので10cmほどにもなる6弁の
乳白色の花は、ハクモクレンとよく似て
います。見分けをつけるポイントは花の
根元で、コブシの花には葉が1枚ついて
います。花はスッキリと甘い柑橘系の香
りで、この香りと花の美しさが喜ばれ、
生垣や庭木として愛されています。果実
はとてもユニークな形で、これを握り拳
に見立ててコブシの名がついたという説も。

Flower Data

分類	モクレン科モクレン属
別名	タウチザクラ（田打桜）
開花期	春
出回り期	3〜4月
花もち	5日〜1週間程度
流通	苗、切り花

その他の誕生花
アセビ、カラマツ、
パンジーゼラニウム

[この日生まれの人]
若々しくてたくましく、情熱的。
考えるより先に体が動き出す
人です。いつもポジティブで、
無限のエネルギーで猪突猛進
していくでしょう。

花言葉
美人の眠り

*Flowering
crab-apple*

誕生花
ハナカイドウ 花海棠

枝を覆い尽くすようにたくさんの花をつけるハナカイドウは、江戸時代に渡来しました。紅色の蕾が、開花すると淡紅色と白のグラデーションが美しい5弁の花に。花の茎が細く長いため、花の重さで下に垂れてうつむくようにして咲き、風情があります。「海棠の眠り未だ足らず」の故事成語は、中国の伝説的な美女・楊貴妃をこの花の美しさにたとえて生まれました。

Flower Data

分類	バラ科リンゴ属
別名	カイドウ（海棠）、スイシカイドウ（垂糸海棠）
開花期	春
出回り期	2～4月
花もち	1週間～10日程度
流通	苗、鉢植え、切り花

その他の誕生花
アルストロメリア、
プリムラ・マラコイデス、ボケ

誕生花

キンセンカ（オレンジ） 金盞花

太陽のような鮮やかなオレンジ色のキンセンカは、花壇やアレンジメントに元気を連れてきてくれます。切り花として出回っているキンセンカの多くは大輪の八重咲きですが、一重咲きの花もナチュラルで温かみがあって良いものです。サラダの彩りやケーキなどの飾りになる、エディブルフラワーとしても人気。心にも食卓にも彩りを添えてくれる花です。

Pot marigold

［この日生まれの人］
ぱっと見は控えめながら熱いハートをもった人。直感が鋭く、フットワークが軽いのも持ち味。情に厚く、人助けが好きな人情派でもあります。

花言葉
慈愛

Flower Data

分類	キク科キンセンカ属
別名	チョウシュンカ（長春花）、カレンデュラ、ポットマリーゴールド
開花期	春〜初夏
出回り期	10〜5月
花もち	3日〜1週間程度
流通	種子、苗、鉢植え、切り花

その他の誕生花
シダレザクラ、ハナカイドウ

93

3/27

Mar.

[この日生まれの人]

バイタリティーと行動力に溢れた人。細かいことは気にしない大らかさも持ち味。生まれながらのリーダー体質で、人を強く引っ張っていきます。

Flower Data

分類	カルセオラリア科キンチャクソウ属
別名	キンチャクソウ (巾着草)
開花期	春
出回り期	4〜6月
花もち	3〜5日程度
流通	種子、苗、鉢植え

その他の誕生花
ゼニアオイ、ブライダルベール

誕生花

カルセオラリア

ぷくっと膨らんだ花の形がユニーク。黄色、オレンジ、赤、白など南国らしいビビッドな色合いが印象的。多くの品種があり、花の形や大きさもさまざまです。一般に鉢物として出回っているのはヘルビオブリダという品種です。花名は、「小さな靴（スリッパ）」を意味する古代ギリシャ語に由来し、英名の「Slipper flower（スリッパ・フラワー）」もそこから。

Slipper flower

花言葉
私の伴侶に
援助

ドウダンツツジ

灯台躑躅・燈台躑躅

ベル形の可憐な白い花を株いっぱいに鈴なりに咲かせる姿が美しいドウダンツツジは、庭木や生垣によく利用されます。花の季節はもちろんですが、枝葉にも風情があり、夏の暑い頃には、枝ものとして生けるのも涼しげで良いものです。切り枝も日もちするので、1か月近く楽しむことができます。秋には真っ赤に色づいた葉が枝ものとして出回ります。

Dodan-tsutsuji

3 / Mar. 28

[この日生まれの人]

正義感が強く、いつもまとめ役として活躍する人。じっとしているのが苦手だけれど、コツコツとよく努力する真面目な頑張り屋の一面も。

Flower Data

分類	ツツジ科ドウダンツツジ属（エンキアンサス属）
別名	ドウダン（燈台）、マンテンセイ（満天星）
開花期	春
出回り期	3〜12月
花もち	1週間程度
流通	苗、鉢植え、切り花、切り枝

その他の誕生花
ツゲ、ヤマブキ

花言葉
上品
節制

[この日生まれの人]
高いコミュニケーション能力とフットワークの軽さの持ち主。さっぱりとした性格で周囲からの信頼を得、諦めない力で道を切り拓きます。

花言葉
謙虚な心

Fritillary

誕生花

バイモ 貝母

原産地の中国では、低山の竹林や日の当たらない湿った場所に自生する山野草です。淡黄色の花びらの内側に網目模様がある鐘型の花を、1本の茎に2〜3個、うつむき加減に咲かせます。茎の上部の葉が巻きひげ状に長く伸びる姿には風情があり、アレンジメントや寄せ植えにすると和風でも洋風でも映えます。茶花としても人気の花です。

Flower Data

分類	ユリ科バイモ属
別名	アミガサユリ（編笠百合）
開花期	春
出回り期	12〜5月
花もち	1週間程度
流通	球根、苗、切り花

その他の誕生花
ワイルドストロベリー

[この日生まれの人]
まっすぐでのびのびした性格。
バイタリティーがあり、物事
をポジティブにとらえます。
人の和を大切にし、周囲への
配慮もできるタイプでしょう。

誕生花

エニシダ 金雀枝・金雀児

枝いっぱいに黄金色の花を咲かせ、周囲
を明るく彩るエニシダ。よく枝分かれし
て茂った株が、群がる蝶に覆い尽くされ
たように見えて美しい花木です。金雀枝・
金雀児と書くのは、蝶形の花を小鳥に見
立てたことから。花には柑橘系の甘い香
りがあります。花の色には、白、赤のほか、
黄色の地に赤のぼかしが入るものもあり
ます。

花言葉
清楚／清潔

Common broom

Flower Data

分類	マメ科エニシダ属
別名	―
開花期	春〜初夏
出回り期	2〜5月、9〜11月
花もち	5日程度
流通	苗、鉢植え、切り花

その他の誕生花
サクランボ、スイートピー

97

[この日生まれの人]
クールで状況判断能力に優れた人。切り替えの早さも見事です。好みが明確でこだわりが強い一面も。周囲から頼られて成長するタイプでしょう。

花言葉
愛と尊敬／完全
先見の明 [花]

Strawberry

誕生花

イチゴ 苺

フルーツのイチゴの魅力は、なんといっても赤い果実の可愛らしさと甘い香り。5〜8弁の一重咲きの可愛らしい花を咲かせます。赤やピンクの花を咲かせるものや八重咲きの花が咲く品種もあります。スーパーなどで手に入るイチゴは、ほとんどがハウス栽培のもの。家庭でイチゴを育てる場合には、家庭菜園向きの品種を選ぶとよいでしょう。

Flower Data

分類	バラ科オランダイチゴ属
別名	オランダイチゴ（和蘭陀苺）
開花期	春
結実期	初夏
出回り期	9〜12月
花もち	3〜4日程度
流通	苗、鉢植え

その他の誕生花
ニオイスミレ、ニゲラ

花のことば

古くから使い継がれた「花」にまつわる美しい和の言葉。
その一部を紹介します。

花神 (かしん)
花を司る神や花の精のこと。

花催 (はなもよい)
サクラの花が開花しそうな気配をいう。

花冷 (はなびえ)
サクラの花が咲く頃に急に寒くなることや、その寒さをいう。(春の季語)

花見鳥 (はなみどり)
うぐいすのこと。早春、花が咲くころに鳴き始めることから。(春の季語)

花客 (かかく)
花見客や来訪者をいう。

花笑 (はなえみ)
花が咲くことや、花が咲いたように華やかな笑いをたとえていう。

花影 (はなかげ)
花が映った影やそのような模様をいう。

花の浮橋 (はなのうきはし)
散った花びらが水面一面に浮いた様子を橋に見立てた語。

花氷 (はなごおり)
中に花を入れて作った氷。(夏の季語)

波の花 (なみのはな)
波が白く泡立つのを白い花に見立てていう。

風花 (かざばな)
風にまじって舞い落ちる雪や霰(あられ)などをいう。(冬の季語)

餅花 (もちばな)
木の枝に餅をつけて花が咲いたようにした縁起物の飾り。

誕生花

マーガレット

ギリシャ神話の女神アルテミスに捧げられた花といわれるマーガレット。実は花色も咲き方も多彩なのですが、店頭に並ぶのは昔ながらの白い花がほとんど。白い花びらと中央の黄色い部分のコントラストが美しい、一重咲きのシンプルな姿が愛されてきました。白と黄色の花は、どんな花とも合わせやすいので、花壇や寄植えにも人気です。

花言葉

恋占い
心に秘めた愛
信頼（白）
真実の愛（ピンク）
美しい容姿（黄・オレンジ）

Marguerite

Flower Data

分類	キク科モクシュンギク属
別名	モクシュンギク（木春菊）、キダチカミツレ（木立加密列）
開花期	春
出回り期	10〜5月
花もち	1週間程度
流通	種子、苗、鉢植え、切り花

その他の誕生花
アロエ、サクラ、バラ（白）

[この日生まれの人]
ポジティブで、誰に対しても優しくできる思いやりのある人。常に周囲との調和を考えつつ行動するでしょう。寛容さも持ち味です。

誕生花

サクラソウ 桜草

しわの入った長い楕円形の葉の中央から、すっと伸びた茎の先に、2〜3cmほどの大きさのサクラに似た花を咲かせます。素朴で可憐な花姿がサクラソウの魅力です。300種を超える園芸品種があり、さまざまな花の形があるのも特徴です。例年、各地の植物園などで開かれるサクラソウ展では、サクラソウが江戸時代から続く伝統的な方法で展示されています。

Japanese primrose

花言葉
青春の喜びと悲しみ

Flower Data

分類	サクラソウ科サクラソウ属
別名	ニホンサクラソウ（日本桜草）
開花期	春
出回り期	10〜3月（苗）
花もち	2週間程度
流通	苗、鉢植え

その他の誕生花
アッツザクラ、クローバー（四つ葉）、ミヤコワスレ

[この日生まれの人]
誰にもまねできないオリジナリティーに溢れた人。鋭い直感力や強い向上心も持ち味で、周囲から"特別な人"という評価を受けているのでは。

花言葉
愛らしさ
官能的
柔和（白）
優美（黄）

Jasmine

誕生花

ジャスミン

優雅で甘美な香りをもち、「香りの王様」ともいわれるジャスミン。花が繊細なため切り花としての流通が難しく、蕾の状態の切り枝や花だけ、または葉ものとして出回っています。つる植物なので、鉢植えは、数本の支柱に絡ませた行灯仕立てでの流通が一般的。庭木としてよく見られるのは、香りが強く、蕾がピンクで白い花が咲くハゴロモジャスミンです。

Flower Data

分類	モクセイ科ソケイ属
別名	ソケイ（素馨）、マツリカ（茉莉花）
開花期	春
出回り期	3〜6月（苗）
花もち	3〜5日程度
流通	苗、鉢植え

その他の誕生花
アスター、ミモザ

[この日生まれの人]
情熱的で負けず嫌い。一途な心の持ち主です。頭の切れも良く、一瞬にして物事の本質を見抜く目も。感情表現の豊かさで周囲を魅了します。

花言葉
清純な心
犠牲／献身

Japanese andoromeda

誕生花

アセビ 馬酔木

スズランのような小さな花が枝先に穂状に集まって咲くアセビ。野趣に溢れ、独特の存在感がある花木です。古くから山地の林などに自生し、『万葉集』の歌にも詠まれました。常緑で枝ぶりも美しいことから、切り枝としても流通しています。枝はボリュームがあるので、1本だけでも素敵なインテリアになります。白い縁取りのある葉が美しい品種もあります。

Flower Data

分類	ツツジ科アセビ属
別名	ウマクワズ（馬不食）
開花期	春
出回り期	2〜4月（花）
花もち	3日程度
流通	苗、鉢植え、切り花、切り枝

その他の誕生花
オオアラセイトウ、カスミソウ（白）

103

4月 / 5 Apr.

[この日生まれの人]

豊かな感受性をもち、感性を大切にする人。感動する出来事などはすぐに周囲に伝えるでしょう。他人を大切にできる優しさも大きな長所です。

誕生花

ワスレナグサ 勿忘草・忘れな草

「私を忘れないで」の意味の英名をもち、西洋では古くから愛のシンボルとして歌や詩によく詠まれました。小さな花が密集して咲き、ふんわりとしたロマンチックな雰囲気を醸し出すワスレナグサ。この花を身につけておくと意中の相手の気持ちを引き寄せられる、未来の配偶者を知ることができる、など、恋のおまじないにも用いられたのだとか。

Forget-me-not

花言葉
私を忘れないで
真実の愛

Flower Data

分類	ムラサキ科ワスレナグサ属
別名	—
開花期	春
出回り期	3〜6月
花もち	2〜5日程度
流通	種子、苗、切り花

その他の誕生花
球根アイリス、ハナカイドウ

誕生花

フクジュソウ 福寿草

「福寿」は、幸福で長生きという意味。フクジュソウのきらめくような黄色い大輪の花は、見ているだけで気分が明るく浮き立ちます。花色は黄色が一般的ですが、クリーム色や濃いオレンジ、緑色の花を咲かせる品種もあります。「Amur adonis（アムール・アドニス）」の英名は、ギリシャ神話で女神アフロディーテに愛された美しい若者アドニスにちなみます。

Flower Data

分類	キンポウゲ科フクジュソウ属
別名	ガンジツソウ（元日草）、ツイタチソウ（朔日草）
開花期	冬～春
出回り期	12～3月（苗）
花もち	1週間～10日程度
流通	苗、鉢植え

その他の誕生花
アネモネ、キンレンカ、シナワスレグサ

[この日生まれの人]
陽気なオーラをまとい、明るく華やかなムードをもつ人。独立心が旺盛で、自力で道を切り拓きます。明るい未来を心から信じるタイプです。

花言葉
思い出
永遠の幸福

Amur adonis

4月 / Apr. 7

[この日生まれの人]
穏やかな佇まいで、人目につかないところでも頑張る人。心の中には野心を隠していることも。成功への道を着実に歩んでいけるタイプです。

誕生花

ネモフィラ

よく枝分かれして株が広がり、小さな花が密集して咲く様子が美しいネモフィラ。グラウンドカバーとして植えられたり、花壇の縁取りやハンギングバスケットに用いられたりします。白、紫、白い花びらに紫色の斑点が入った花色のものもありますが、よく知られるのは、やはり爽やかに澄んだブルー。青空の下、一面にこの花が群生する場所は人気の観光地に。

Flower Data

分類	ムラサキ科ルリカラクサ属
別名	ルリカラクサ（瑠璃唐草）
開花期	春
出回り期	1〜5月（苗）
花もち	1か月程度
流通	種子、苗

その他の誕生花
アカツメクサ、サクラ、フクシア

花言葉
成功

Baby-blue-eyes

誕生花

シバザクラ 芝桜

春、地面を覆うようにして、サクラに似た1～2cmほどの愛らしい花を一面の絨毯のように咲かせます。白、ピンク、紅色、青紫色、紫色のほか、花びらにピンクの筋が入ったもの、花の中央部分の濃いピンクで白い花弁とのコントラストが美しいものもあります。英名の「Moss phlox（モスフロックス）」は、苔（モス）のように地を覆う姿にちなみます。

Moss phlox

花言葉
耐える力

Flower Data

分類	ハナシノブ科クサキョウチクトウ属
別名	ハナツメクサ（花詰草、花爪草）
開花期	春
出回り期	2～4月（苗）
花もち	1か月程度
流通	苗

その他の誕生花
コデマリ、リンゴ、レンゲソウ

[この日生まれの人]
目標を見失わず、日々頑張り続ける厳格な努力家。目立たないところで花を咲かせる運をもっています。自分のペースで幸せを手にするでしょう。

Cherry blossom

花言葉
精神の美
優美な女性

誕生花
サクラ（ソメイヨシノ）
桜（染井吉野）

ソメイヨシノは、江戸時代末期に生み出された園芸品種です。葉が出る前に花が密集して咲く姿が美しく、木の成長も早いため、各地で植栽され日本を代表するサクラになりました。花は、咲きはじめは淡いピンクで、日が経つにつれて白くなります。ソメイヨシノは接ぎ木で増やすことから、全てのソメイヨシノは同じ遺伝子を持つクローンといわれます。

Flower Data

分類	バラ科サクラ属
別名	ヨシノザクラ（吉野桜）
開花期	春
出回り期	12〜4月
花もち	5〜10日程度
流通	苗、切り花

その他の誕生花
オダマキ

誕生花

リナリア

細く繊細な葉と、穂状に密集して咲く小さな花が美しいリナリア。キンギョソウを小型にしたような愛らしい姿から、「ヒメキンギョソウ」の別名があります。草丈が高くなる品種と低めの品種があるので、切り花や寄植えなど、用途に合わせて選べるのも魅力です。寒さに強く、栽培しやすいうえにこぼれ種でも増えることから、花壇の花としても人気です。

Flower Data

分類	オオバコ科ウンラン属
別名	ヒメキンギョソウ（姫金魚草）
開花期	春～夏
出回り期	2～5月
花もち	5日～1週間程度
流通	種子、苗、鉢植え、切り花

その他の誕生花
アスター、イチジク

Toadflax

花言葉
この恋に気づいて
幻想

109

4/11 Apr.

Golden bells

花言葉
期待／希望

誕生花

レンギョウ 連翹

春、鮮やかな黄色い花をこぼれんばかり
に枝いっぱいに咲かせ、木全体を黄金色
に染め上げる姿がなんともいえず美しい
花木です。「ゴールデンベル」の英名は、
花をベルに見立てたもの。刈り込みに強
く丈夫なので、公園の花木や街路樹、生
垣に利用されることも多い木です。切り
花を飾る時は、しなやかな枝ぶりを生か
したアレンジがおすすめです。

Flower Data

分類	モクセイ科レンギョウ属
別名	レンギョウウツギ（連翹空木）
開花期	冬〜春
出回り期	1〜8月
花もち	4〜5日程度
流通	苗、鉢植え、切り花

その他の誕生花
ヒヤシンス、ヤグルマギク

ケマンソウ 華鬘草

枝垂れた茎に 7 〜15個ものぷっくりとしたハート形の花が連なってつく独特の姿が愛されるケマンソウ。別名の由来でもあるボタンの葉に似た葉にも風情があります。花色には紅色、淡紅色、白があり、花は茎の下の方から咲いていきます。水気を多く含んだ茎は柔らかく折れやすいため、自由で動きのある茎の姿を活かしたアレンジメントがおすすめです。

［この日生まれの人］
スピリチュアルで鋭い感受性をもった人。直感を活かして不運を遠ざける力があります。明るく軽やかな個性で、自由に人生を謳歌していくはず。

Bleeding heart

Flower Data

分類	ケシ科ケマンソウ属
別名	タイツリソウ（鯛釣草）、フジボタン（藤牡丹）、ケマンボタン（華鬘牡丹）
開花期	春
出回り期	2〜4月
花もち	5日程度
流通	苗、切り花

花言葉
恋心

その他の誕生花
カスミソウ（ピンク）、ネメシア、ブプレリューム、モモ

[この日生まれの人]
強い正義感をもち、勇敢に人生を歩んでいく人。立場の弱い人などを守ろうという心意気に溢れています。大らかで優しい性格も特筆すべき美点。

花言葉

私の苦しみを和らげる

Milk vetch

誕生花

レンゲソウ 蓮華草

小さな蝶の形の淡紫色の花が輪を描くように集まった愛らしい花を咲かせます。かつては土の肥料にするために広く栽培され、群生して咲くこの花は春の風物詩でしたが、化成肥料が用いられるようになるとあまり見られなくなりました。花名はハスの花（蓮華）に似ていることから。ミツバチがこの花から蜜を集めてできたのがレンゲ蜂蜜です。

Flower Data

分類	マメ科ゲンゲ属
別名	ゲンゲ（翹揺、紫雲英）、レンゲ（蓮華）
開花期	春
出回り期	2〜4月（苗）
花もち	2週間程度
流通	種子、苗

その他の誕生花
クンシラン、サクラ

誕生花

ブルーレースフラワー

まるでレース編みでつくられたかのように繊細で愛らしく、涼しげな花姿が印象的です。レースフラワーと呼ばれる花はほかにもありますが、ブルーレースフラワーは、通年出回っていてアレンジメントや寄植えのアクセントとして人気です。青紫色の花は品種によって濃淡があり、取り合わせて飾ってもエレガントで素敵です。白い花を咲かせるものもあります。

Blue lace flower

花言葉
優雅な振る舞い

Flower Data

分類	ウコギ科トラキメネ属
別名	ソライロレースソウ（空色レース草）、ディディスカス
開花期	春
出回り期	通年
花もち	5日程度
流通	種子、苗、切り花

その他の誕生花
ウツギ、
デルフィニウム（ベラドンナ系）

113

4月 / Apr. 15

【この日生まれの人】
明るくバイタリティーに溢れたタイプながら、自分を周囲に押しつけず自然体で過ごします。年齢を重ねるにつれ実力や才能を花開かせる運です。

Flower Data

分類	ナデシコ科ナデシコ属
別名	オランダセキチク（和蘭石竹）、ジャコウナデシコ（麝香撫子）
開花期	春
出回り期	通年
花もち	1週間～10日程度
流通	種子、苗、鉢植え、切り花

その他の誕生花
コデマリ、バラ（ピンク）、ワスレナグサ

花言葉
愛情は生きている（白）

Carnation

誕生花

カーネーション（白）

無垢な白さが美しい白のカーネーション。「愛情は生きている」の花言葉は、アメリカの女性アン・ジャービスの娘が、母を偲ぶ集まりで参加者に白いカーネーションを配ったことにちなみます。これが母の日が生まれる由来にも。白いカーネーションは染色しやすいため、近年は染色剤を吸い上げさせて作った染めの切り花も出回っています。

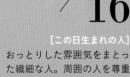

[この日生まれの人]
おっとりした雰囲気をまとった繊細な人。周囲の人を尊重する優しさがあるでしょう。いざという時には情熱的に燃え上がる一面も。

Flower Data

分類	ツルボラン科ブルビネラ属
別名	—
開花期	春
出回り期	1〜4月
花もち	5日〜1週間程度
流通	球根、苗、切り花

その他の誕生花
シレネ・ペンデュラ、スノーフレーク、チューリップ、レンゲツツジ

花言葉
休息

Cat's tail

誕生花

ブルビネラ

明るい黄色の花が華やいだ気分にさせてくれるブルビネラ。細長い葉が株の根元に密生し、すっと伸びた茎の先に小さな星型の花を穂状に咲かせます。穂の下の方から花が咲き始めるので、印象が変わっていくのを楽しめます。鮮やかな花の色と動きのある花穂が春らしく軽やかな印象を与え、アレンジメントやブーケの花として人気です。

4/17 Apr.

[この日生まれの人]
明るく楽しく、向上心に富んだ人。ユーモア精神に溢れ、遊び好き。人が思いつかないようなユニークかつ大胆な発想で周囲をあっと言わせそう。

誕生花

オステオスペルマム

花つきがよく、株を覆い尽くすほどの花が次々と、しかも長く咲き続けるのが魅力のオステオスペルマム。マーガレットに似た形の花は発色が良く、グラデーションが美しい花びらや表側と裏側の色が異なる花びらをもつもの、花びらの形に特徴があるものなども。晴れた日には花を開き、雨の日や曇りの日、夜間には花を閉じるという習性があります。

Flower Data

分類	キク科オステオスペルマム属
別名	アフリカンデージー
開花期	春
出回り期	3〜5月
花もち	1か月程度
流通	種子、苗、鉢植え、切り花

その他の誕生花
アヤメ、カキツバタ、
ジャーマンアイリス

花言葉
元気／無邪気

African daisy

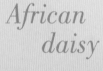

誕生花

アカツメクサ 赤詰草

シロツメクサに似ていますが、アカツメクサの方が花穂も葉も大きく、野生的で生命力のある印象です。「赤」が名につきますが、白い花を咲かせるものも。英名の「clover（クローバー）」は、ラテン語の「棍棒」を意味する言葉に由来します。花の姿を棍棒に見立てたのでしょう。花は薬用としてハーブティーなどに用いられます。デンマークの国花でもあります。

[この日生まれの人]
頭脳明晰で、さらに冒険心に富んだ人。広く深い知識をもち、それをしっかりと自分の中で体系化。形式にこだわらない自由さも魅力です。

花言葉
勤勉／豊かな愛

Red clover

Flower Data

分類	マメ科シャジクソウ属
別名	ムラサキツメクサ（紫詰草）
開花期	初夏〜夏
出回り期	5〜8月
花もち	1週間程度
流通	種子、苗

その他の誕生花
スターチス（ピンク）、ニゲラ

117

4 / 19

Apr.

[この日生まれの人]
明るくて素直。物事をあるがままに受け入れ、前向きに取り組むでしょう。困難に負けない強い心も兼ね備えた、打たれ強いタイプでもあります。

花言葉
軽やかさ
陽気

Flower Data

分類	キンポウゲ科デルフィニウム属
別名	ヒエンソウ（飛燕草）、チドリソウ（千鳥草）
開花期	春
出回り期	12〜5月
花もち	5日〜1週間程度
流通	種子、苗、切り花

その他の誕生花
アマランサス、バラ（赤）、ムクゲ

誕生花

ラークスパー

花びらのように見えるのは萼で、花は中央に小さく突き出た部分。花の色には青、淡紫、赤、ピンク、白があり、ドライフラワーでも楽しめます。クシュクシュとした感じの蕾や、糸のように細く裂けた葉が、アレンジメントやブーケをふんわりと優しい雰囲気に。英名の「Larkspur（ラークスパー）」はひばりの蹴爪（鳥の足の後ろ側にある突起）を意味します。

Flower Data

分類	アヤメ科イキシア属
別名	ヤリズイセン（槍水仙）
開花期	春
出回り期	4〜6月
花もち	1週間〜10日程度
流通	球根、切り花

その他の誕生花
シャガ、
ストロベリーキャンドル

$4_月$ / Apr. 20

[この日生まれの人]
無邪気で真っすぐなハートと、
進歩的な考え方を併せもった
人。面白い生き方を模索し、
型にとらわれない人生を送る
でしょう。優しさも美点です。

African corn lily

花言葉

団結
誇り高い
秘めた恋

誕生花

イキシア

スイセンに似て、槍状の葉と針金のよう
に細く長く伸びた茎をもつことから「ヤ
リズイセン（槍水仙）」の別名があります。
茎の先にたくさんの6弁の花をつけます。
花が下から咲いていくため、茎の先に蕾
が連なります。その様子も風情があり、
また花の色が豊富なのも魅力です。アレ
ンジメントの際には、すらりと伸びた茎
の形を活かすのがおすすめです。

119

[この日生まれの人]
ユニークな発想をもちながら
も堅実に生きていくタイプ。
我が道を慎重に進んでいきま
す。真面目で、対人面では誠
心誠意を尽くし信頼されます。

誕生花

ミヤコワスレ 都忘れ

ミヤコワスレは、山地に自生するミヤマ
ヨメナの園芸種で、濃紫色、淡紫色、ピ
ンク、白などの和の情緒たっぷりの気品
ある美しい花を咲かせます。凛とした花
の佇まいが愛され、茶花としてもよく利
用されます。「ミヤコワスレ（都忘れ）」
の名は、鎌倉時代、流罪になった順徳天
皇が心慰められ、ひと時、都を忘れるこ
とができたという言い伝えにちなみます。

Gymnaster

花言葉
しばしの憩い
穏やかさ

Flower Data

分類	キク科ミヤマヨメナ属
別名	ミヤマヨメナ（深山嫁菜）、 ノシュンギク（野春菊）
開花期	春〜初夏
出回り期	1〜8月
花もち	2〜5日程度
流通	苗、鉢植え、切り花

その他の誕生花
ニゲラ、ワスレナグサ

誕生花

ギボウシ 擬宝珠

ギボウシは日本に自生するもので13種、園芸種と合わせると40種近くあり、「ホスタ」の名でも出回っています。日陰を好み、庭や花壇の日陰や庭木の下でもよく茂って美しい姿をつくることから、花壇や庭植えにしてカラーリーフとして観賞されます。葉の色もさまざまで、斑入りの葉や光沢のある葉もあり、長い茎を伸ばして花を咲かせるものもあります。

[この日生まれの人]

自分の心に正直に生きる人。凝り性と素晴らしい集中力とで、納得がいくまで物事にのめり込みます。負けず嫌いな一面が幸運を呼び込むはず。

花言葉
沈静
心の落ち着き

Hosta

Flower Data

分類	キジカクシ科ギボウシ属
別名	ホスタ
開花期	夏
出回り期	5〜7月
花もち	1日程度
流通	苗、切り花、切り葉

その他の誕生花
アザミ、カリフォルニアポピー

4/23 Apr.

[この日生まれの人]

情に厚く、人を思いやる心をもった人。他人に親切の限りを尽くすでしょう。ドンと大きく構えているようでいて、意外と繊細な面もあります。

誕生花

ニワゼキショウ 庭石菖

ニワゼキショウは明治時代の中頃に日本に渡来しました。全国に帰化し、日当たりの良い草地や道端で見かけることもある花です。小さな花なので見逃してしまいがちですが、透明感のある花びらが美しく、見る人に繊細でエレガントな印象を与えます。細い茎の先に数個、花をつけますが、花は1日でしぼみ、光沢のある球形の黒褐色の果実になります。

Blue-eyed-grass

花言葉
豊かな感情
繁栄

Flower Data

分類	アヤメ科ニワゼキショウ属
別名	ナンキンアヤメ（南京文目）
開花期	初夏
出回り期	3～5月
花もち	1日程度
流通	苗

その他の誕生花
アネモネ、カンパニュラ

［この日生まれの人］
エレガントで上品。おっとり
とした態度が魅力的な人。万
事に対して楽観的で、どんな
困難でも乗り越えられるとい
う自信ももっていそう。

誕生花

オオデマリ 大手毬

大手毬の名が示すとおり、装飾花が集まった大きな手毬状の花が枝いっぱいに咲く姿が、なんともいえず美しい花木です。枝ごと切って生けても、手鞠状の花房を切ってアレンジしても素敵です。しなやかに横に伸びる姿も風情があり、初夏の日差しに輝く白い花と緑の葉のコントラストが涼しげ。また、秋の紅葉が美しいことから、庭木としても愛されます。

花言葉
私は誓います
絆
華やかな恋

Japanese snowball

Flower Data

分類	レンプクソウ科ガマズミ属
別名	テマリバナ（手毬花）
開花期	初夏
出回り期	4〜6月
花もち	5日程度
流通	苗、切り花

その他の誕生花
オレンジ、カルセオラリア

123

4/25 Apr.

[この日生まれの人]
繊細な感受性をもった人。内気でシャイだけれど、人の思いを察することができ、細やかな気遣いもできます。縁の下の力持ち役になって開運。

誕生花

ハハコグサ 母子草

日本各地の日当たりの良い道端や草地にごく普通に見られる多年草です。春から初夏にかけて、優しい雰囲気の黄色い花を咲かせます。葉や茎が白い綿毛で覆われているため、全体に白っぽく見えます。若葉は食用にされ、春の七草の1つ「ゴギョウ」の別名でも知られます。素朴で可愛らしい花姿は、ドライフラワーにしても素敵です。

花言葉
いつも想う

Jersey cudweed

Flower Data

分類	キク科ハハコグサ属
別名	ゴギョウ、オギョウ（御形）、ホウコグサ（母子草）
開花期	春〜初夏
花もち	1週間程度
流通	—

その他の誕生花
バイモ、シレネ、ポピー

誕生花

スカビオサ

マツムシソウ属には80種以上ありますが、総称してスカビオサと呼ばれます。花壇用や切り花として多く出回っているのは、スカビオサ・アトロプルプレア、スカビオサ・コーカシカ、スカビオサ・ステラタです。それぞれ花姿が異なりますが、小さな花が集まって咲く姿は繊細な雰囲気。花の色が多彩で、ドライフラワーとして楽しめるのも魅力です。

花言葉
風情

Pincushion flower

4/
Apr.
26

［この日生まれの人］
開放的で新しい物が好きなオープンマインドの人。勇気や冒険心も持ち味。さらに確固とした信念があり、それに従って行動していきます。

Flower Data

分類	マツムシソウ科マツムシソウ属
別名	マツムシソウ（松虫草）、セイヨウマツムシソウ（西洋松虫草）
開花期	夏
出回り期	通年
花もち	5日〜I週間程度
流通	種子、苗、切り花

その他の誕生花
アジュガ、アズマギク、ムスカリ

125

[この日生まれの人]
忍耐強い努力家。思慮深く、常にコツコツと頑張ります。真面目で堅実なしっかり者で、他人を当てにしたり、ずるいことをしたりはできない性分。

誕生花

デンファレ

コチョウランに似て高級感溢れる花は、ハワイの伝統的な花の首飾り「レイ」の材料としても知られます。濃いピンクや紫色の花がポピュラーですが、白、明るい緑、黄色、オレンジ、紅色などもあります。切り花として通年出回っており、価格も比較的手ごろで手にとりやすいランの仲間です。寒さが苦手なので、鉢植えの場合は置く場所に注意が必要です。

Dendrobium

花言葉
お似合いのふたり

Flower Data

分類	ラン科セッコク属（デンドロビウム属）
別名	デンドロ、デンドロビウム、デンドロビューム
開花期	夏
出回り期	通年
花もち	1週間〜10日程度
流通	苗、鉢植え、切り花

その他の誕生花
オキナグサ、セイヨウオダマキ

Nanking cherry

花言葉

輝き／郷愁

誕生花

ユスラウメ 梅桃・山桜桃梅・英桃

サクラの花が咲く頃、淡紅色や白のウメに似た5弁の花を枝いっぱいに咲かせます。派手さはありませんが、しとやかで美しい花です。梅雨時になると、サクランボに似て真っ赤でつやつやとした愛らしい果実が実ります。果実は生で食べられますが、ジャムや果実酒などにして楽しむこともできます。白い果実がつく品種もあります。

Flower Data

分類	バラ科ニワウメ属
別名	—
開花期	春〜初夏
出回り期	2〜4月（苗）
花もち	2週間程度
流通	苗、鉢植え

その他の誕生花
スモークツリー、バイカウツギ、ヒメハギ、ムスカリ

4/29 Apr.

[この日生まれの人]
おっとりとした穏やかな性格。いつも同じテンションと、温かな笑顔が持ち味。マイペースながら粘り強い歩みで目標をクリアしていくでしょう。

Common gardenia

花言葉
とても幸せです
喜びを運ぶ

誕生花

クチナシ 梔子

フェルトのような風合いの、乳白色の甘く華やかな香りのする花を咲かせます。じめじめした梅雨時に花開いて、湿りがちな気分を浮き立たせてくれます。花が大きく見応えがあって香りが良いので、庭木として植えられることが多い花木です。果実は着色料としても利用されます。たくあんや栗の甘露煮などの色つけには、クチナシの果実が使われています。

Flower Data

分類	アカネ科クチナシ属
別名	ガーデニア
開花期	夏
出回り期	4〜7月
花もち	2〜4日程度
流通	苗、切り花

その他の誕生花
スターチス（黄）

4/30 Apr.

[この日生まれの人]

大人しそうな雰囲気でありながら個性的な内面の持ち主。常識にとらわれない行動力や、高い理想を掲げ、そのために懸命になれるのも美点です。

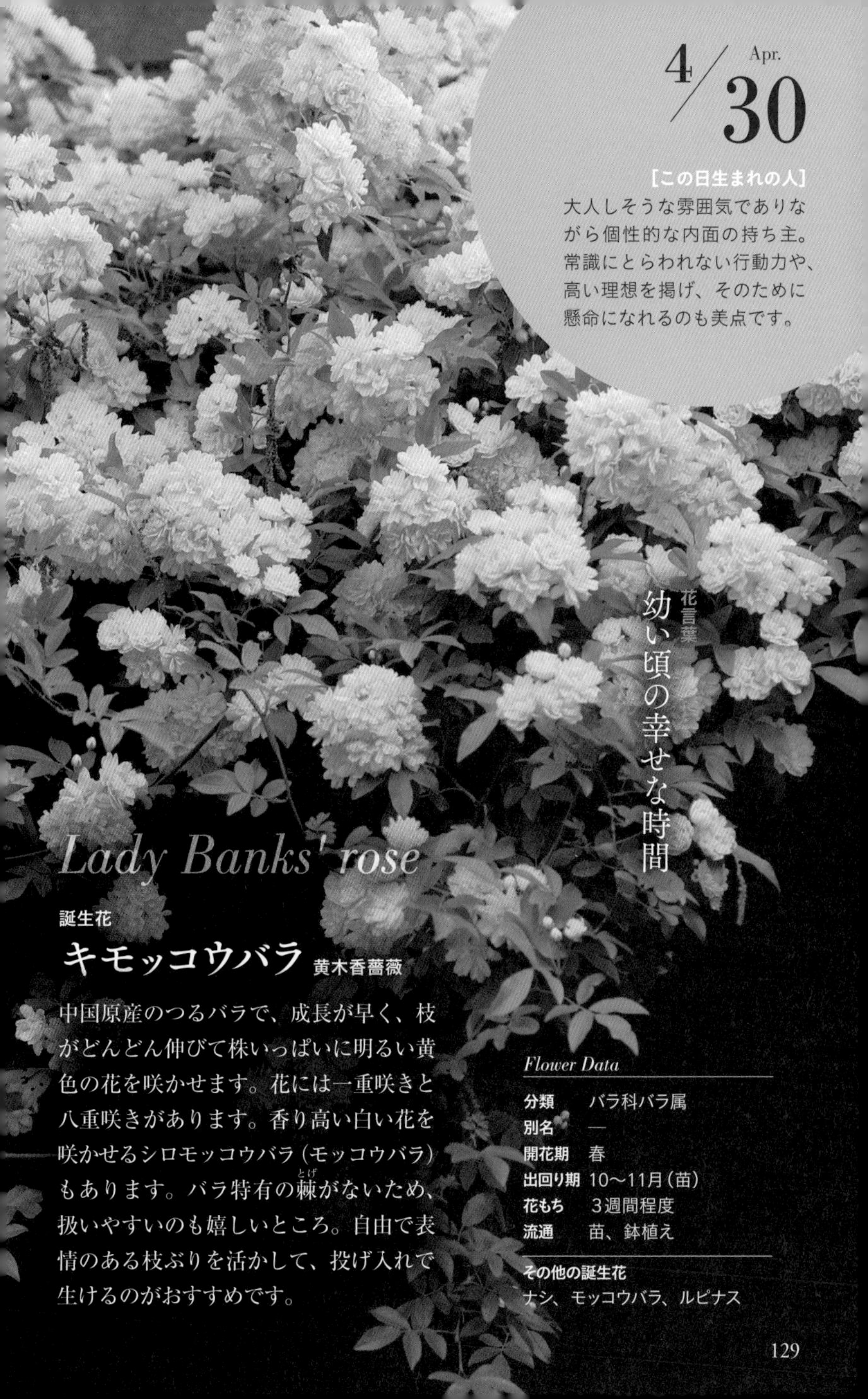

花言葉
幼い頃の幸せな時間

Lady Banks' rose

誕生花

キモッコウバラ 黄木香薔薇

中国原産のつるバラで、成長が早く、枝がどんどん伸びて株いっぱいに明るい黄色の花を咲かせます。花には一重咲きと八重咲きがあります。香り高い白い花を咲かせるシロモッコウバラ（モッコウバラ）もあります。バラ特有の棘（とげ）がないため、扱いやすいのも嬉しいところ。自由で表情のある枝ぶりを活かして、投げ入れで生けるのがおすすめです。

Flower Data

分類	バラ科バラ属
別名	—
開花期	春
出回り期	10～11月（苗）
花もち	3週間程度
流通	苗、鉢植え

その他の誕生花

ナシ、モッコウバラ、ルピナス

[この日生まれの人]
上品でおっとりした人で、感情をあまり表に出さないでしょう。責任感が強く、真面目な性格。美的センスに恵まれているのも特徴です。

誕生花

オダマキ 苧環

中心の花びらを5枚の萼が囲んだ独特の花が美しく、うつむいて咲く姿には風情があります。花の形が紡いだ糸を巻いて玉にした苧環に似ていることからこの名がつけられました。単にオダマキというときは日本に古くから自生するミヤマオダマキの園芸種を指すことが多く、一般に切り花や苗として出回っているのはセイヨウオダマキの交配種です。

花言葉
勝利／勝利への決意（紫）
心配して震えている（赤）
あの人が気がかり（白）

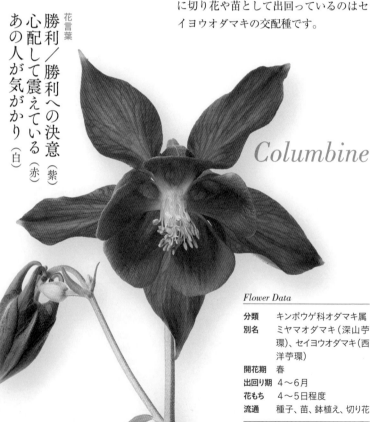

Columbine

Flower Data

分類	キンポウゲ科オダマキ属
別名	ミヤマオダマキ（深山苧環）、セイヨウオダマキ（西洋苧環）
開花期	春
出回り期	4〜6月
花もち	4〜5日程度
流通	種子、苗、鉢植え、切り花

その他の誕生花
エーデルワイス、スズラン

誕生花

ムシトリナデシコ 虫捕撫子

ナデシコに似た濃いピンクの可憐な花を咲かせるムシトリナデシコ。この名の由来は、花の近くの葉のつけ根からネバネバの液を出すことからで、これは蜜に集まる虫を寄せつけないようにするためなのだとか。全国の草地や河川敷などに自生する草ですが、原産はヨーロッパ。江戸時代末期に日本にもたらされたものが、野生化したと考えられています。

[この日生まれの人]
好奇心が旺盛で器用なタイプで、大抵のことはそつなくこなすでしょう。常にアクティブで日々を充実させています。幅広く活躍していくでしょう。

Sweet William catchfly

花言葉
未練
哀しみ
罠

Flower Data

分類	ナデシコ科マンテマ属
別名	ハエトリナデシコ（蠅取撫子）、コマチソウ（小町草）、サクラコマチ（桜小町）
開花期	初夏〜夏
出回り期	3〜4月
花もち	2週間程度
流通	切り花

その他の誕生花
シャクヤク、フクシア

5/ May 3

[この日生まれの人]
大人しく、我慢強い人。根気よく物事に取り組む芯の強さがあります。変化があっても前向きに受け入れ、新しい世界へと挑戦できるでしょう。

誕生花

タンポポ 蒲公英

太陽のような明るい黄色の花を咲かせるタンポポは、最も身近な花のひとつです。英名の「Dandelion（ダンデライオン）」は、葉のギザギザをライオンの歯に見立てたフランス語に由来。煎じた根がノンカフェインのタンポポコーヒーにされるほか、江戸時代には葉もおひたしなどで食用されていました。フワフワの綿帽子を吹く遊びは、ヨーロッパでは恋占いだったそう。

花言葉
神託／別離

Flower Data

分類	キク科タンポポ属
別名	ツヅミグサ（鼓草）
開花期	春
流通	―

その他の誕生花
アゲラタム、スズラン

Dandelion

5/ May
4

[この日生まれの人]
柔らかい物腰で親しみやすい雰囲気の持ち主ですが、負けず嫌いで勝気な内面も。悔しさをバネに奮起し、ステップアップするタイプでしょう。

花言葉
清楚／追憶／たくましさ

Stokes' aster

誕生花
ストケシア

Flower Data

分類	キク科ストケシア属
別名	ルリギク（瑠璃菊）、ストーケシア
開花期	初夏〜秋
出回り期	3〜6月
花もち	5日〜1週間程度
流通	苗、鉢植え、切り花

その他の誕生花
スターチス（紫）、
フリチラリア・インペリアリス、
ヤマブキ

花びらに細かい切れ込みが入った花の姿が、優しげではかなげな印象のストケシア。北アメリカ原産で、日本には大正時代初頭に持ち込まれました。青紫色の花を咲かせることから「ルリギク」の別名がありますが、ほかに白、クリーム色、ピンクなど花色は豊富です。育てやすく、暑い時期も咲いて開花期間が長いことから、花壇の花としても人気です。

133

[この日生まれの人]
とても素直で、明るく親しみ
やすい人柄。堅実な考え方の
タイプです。しっかりと地に
足をつけ、人生を一歩一歩確
実に進めていくでしょう。

誕生花

スズラン 鈴蘭

小さな鈴形の白い花が連なってうつむい
て咲く可憐な花姿と、上品で爽やかな香
りが愛されます。一般に切り花や鉢花と
して出回っているスズランの多くは、ヨ
ーロッパ原産のドイツスズランです。日
本在来種のスズランの花はそれより小型で、
花茎が葉より短いため、花が葉の陰に潜
むようにして咲くことから、「キミカゲソ
ウ（君影草）」の別名があります。

Lily of the valley

花言葉
幸福
純粋
純潔

Flower Data

分類	キジカクシ科スズラン属
別名	キミカゲソウ（君影草）、タニマノヒメユリ（谷間の姫百合）
開花期	春
出回り期	1〜6月
花もち	3〜5日程度
流通	苗、鉢植え、切り花

その他の誕生花
アザミ、カラー（白）、サンタンカ

［この日生まれの人］
清潔感に溢れ、優雅で上品な
ムードを漂わせた人。平和を
愛するタイプで、穏やかな性
格と周囲を気遣う優しさで、
人から愛されているでしょう。

誕生花

シラン 紫蘭

ラン特有の優雅な花が美しく、丈夫で初
心者でも育てやすいことから花壇の花と
しても人気があります。花色は赤紫色の
ほか、白や青紫色、白地で突き出た部分
がほんのりピンクになるものもあります。
関東地方以西では、野生のシランを見か
けることもあります。縦皺の目立つ剣形
の葉にも独特の味わいがあり、花壇植え
や鉢植えは花のない時期も楽しめます。

Hyacinth orchid

花言葉
あなたを忘れない
変わらぬ愛

Flower Data

分類	ラン科シラン属
別名	ベニラン（紅蘭）
開花期	春
出回り期	2〜5月
花もち	2週間程度
流通	球根、苗、鉢植え、切り花

その他の誕生花
オダマキ、クチナシ、ストック、
ハナズオウ

135

5/ May
7

[この日生まれの人]
活発で新しいことが好き。流行に敏感で、キラキラと輝きながら日々を過ごすタイプ。アイデアを形にする行動力にも恵まれているでしょう。

花言葉
壮大

Japanese snowbell

誕生花

エゴノキ

ベル形の白い花が、連なるように枝いっぱいにつき、恥ずかしげに下を向いて咲く姿が可憐な花木です。花の香りは1輪だけではさほど強くありませんが、満開の時期は甘い香りを辺りに漂わせます。花の終わりには花ごと地面に散りこぼれ、樹下を雪が降り積もったように白く染め上げます。その風情も美しく、古くから庭木として愛されてきました。

Flower Data

分類	エゴノキ科エゴノキ属
別名	ロクロギ、チシャノキ
開花期	初夏
出回り期	11月〜3月
花もち	1週間程度
流通	種子、苗

その他の誕生花
アルケミラモリス、ボタン、
リビングストンデージー

誕生花

シャクナゲ 石楠花

ツツジに似た花が薬玉のように集まって咲く姿は、「花木の女王」の異名にふさわしい華やかさです。19世紀半ばに中国で発見され、ヨーロッパに紹介されて以来、世界中で愛され、多くの園芸品種が作られてきました。これらを総称してセイヨウシャクナゲと呼び、日本に古くから自生するシャクナゲやその交配種と区別することもあります。

[この日生まれの人]

形式にとらわれないユニークな発想をもった人。根は真面目で誠実なため、周囲とも上手に折り合いをつけます。意志の強さも特筆すべき長所。

Rhododendron

花言葉
威厳
荘厳

Flower Data

分類	ツツジ科ツツジ属
別名	ロードデンドロン
開花期	春
出回り期	3〜5月
花もち	5日程度
流通	苗、切り花

その他の誕生花
ストロベリーキャンドル、ハナショウブ、マツバギク

[この日生まれの人]
朗らかで活発。いつも笑顔を忘れない人です。豊富な話題と話術で人を魅了し、喜びと楽しさとで充実した人生が約束されているでしょう。

花言葉
青春の息吹
未練

誕生花

シレネ

花名は、ギリシャ語で「唾液」を意味する語に由来する属名からで、この属には茎から粘液を分泌するものが多いためともいわれます。一般に出回っているのは「フクロナデシコ」の別名をもつシレネ・ペンデュラ。寄植えや鉢植えの花として人気です。サクラに似た濃いピンクの愛らしい花を咲かせることから「サクラマンテマ」の別名もあります。

Nodding catchfly

Flower Data

分類	ナデシコ科マンテマ属（シレネ属）
別名	サクラマンテマ、ビジョナデシコ（美女撫子）、フクロナデシコ（袋撫子）
開花期	春〜夏
出回り期	4〜5月（苗）
花もち	3日〜1週間程度
流通	種子、苗

その他の誕生花
ハナミズキ、ミズキ

Cornflower

【この日生まれの人】
芯が強く、自分の信念に従っ
てあらゆる困難を乗り越える
気概に溢れた人。時間がかか
っても成功をつかむはず。人
当たりがソフトなのも美点。

花言葉
繊細
優美
教育

誕生花

ヤグルマギク 矢車菊

切り花としてポピュラーなヤグルマギク。
原種の花の青紫色の美しさは、完璧な青
と讃えられますが、園芸品種には紅色、
ピンク、白、紫などの花色があります。
しなやかな茎も細い葉も綿毛が生えて白
っぽく見えるため、優しく柔らかい印象
を与えます。花びらが細かく裂けた独特
の花は、色があまり変わらないのでドラ
イフラワーとしても楽しめます。

Flower Data

分類	キク科ヤグルマギク属（ケンタウレア属）
別名	ヤグルマソウ（矢車草）、セントーレア
開花期	春～初夏
出回り期	12～7月
花もち	5日程度
流通	種子、苗、切り花

その他の誕生花
ペチュニア（白）、ボタン

[この日生まれの人]
献身的で心優しい人。冴えのあるひらめきやインスピレーションで行動します。夢見がちで、いつまでも子どものような純真さをもち続けます。

誕生花

アスター

中国原産で、18世紀初めにヨーロッパに紹介されて広まり、盛んに品種改良が行われました。多彩な花色があるほか、八重咲き、ポンポン咲きなどの咲き方も。花名のアスターは古い属名から。種子に美しい冠毛があることから「美しい冠」の意味のギリシャ語に由来する「カリステフス」属に分類されますが、一般的には今でもアスターの名で流通しています。

花言葉
変化
信じる心
美しい思い出

China aster

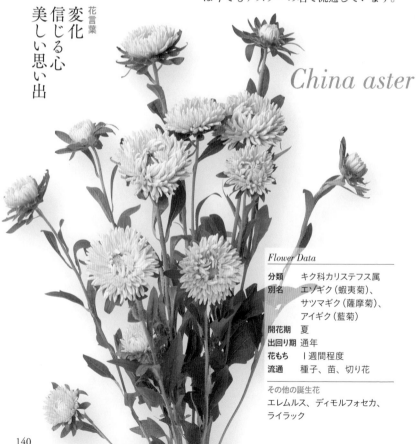

Flower Data

分類	キク科カリステフス属
別名	エゾギク(蝦夷菊)、サツマギク(薩摩菊)、アイギク(藍菊)
開花期	夏
出回り期	通年
花もち	1週間程度
流通	種子、苗、切り花

その他の誕生花
エレムルス、ディモルフォセカ、ライラック

誕生花

ジギタリス

花びらの内側に濃い色の斑点(はんてん)がある大きな釣り鐘状の花が、すらりと伸びた茎にたくさん連なって咲く姿には、独特の雰囲気があります。強い毒をもつことで知られますが、古くから強心剤としても用いられてきました。ギリシャ神話では、最高神ゼウスの妻ヘラが落としたサイコロをゼウスが花に変えたものが、このジギタリスだとされています。

[この日生まれの人]
強さと柔らかさという相反する要素をもった人。素敵な笑顔で人を魅了します。真面目な頑張り屋で、想いを貫き通すタフさも備えています。

花言葉

不誠実／胸のうち

Flower Data

分類	オオバコ科ジギタリス属
別名	キツネノテブクロ(狐手袋)
開花期	初夏
出回り期	3〜5月
花もち	5日〜1週間程度
流通	種子、苗

その他の誕生花
カンパニュラ、ライラック

Foxglove

[この日生まれの人]
細かいことにはこだわらない包容力と明るさをもった人。パッと目を引くような存在感で周囲を惹きつけます。ポジティブ思考と行動力も持ち味。

誕生花

ボロニア

よく枝分かれして茂った枝いっぱいに、星形やベル形の小さな花をたくさん咲かせるボロニア。コロンと丸い蕾（つぼみ）も愛らしく、鉢植えや寄せ植えに人気の花木です。枝や葉には柑橘系の爽やかな香りがあります。淡いピンクの十文字の花を咲かせるボロニア・ピンナタがよく知られますが、ボロニアの仲間は種類が多く、花色も豊富です。

Boronia

花言葉
印象的／芳香

Flower Data

分類	ミカン科ボロニア属
別名	ボローニア
開花期	春
出回り期	3〜5月
花もち	3〜5日程度
流通	苗、鉢植え

その他の誕生花
カーネーション（赤）、
フランネルフラワー、ミヤコワスレ

[この日生まれの人]
おっとりとした愛されキャラですが、周囲に媚びず自分らしく誇り高く生きていく気概の持ち主。高い目的意識があるのも注目すべき美点です。

花言葉
母への愛

Carnation

誕生花

カーネーション（赤）

一年を通じて出回り、アレンジやブーケに登場する機会が多いカーネーション。花名は、その鮮赤色を肉の色にたとえてつけられたともいわれています。古代ギリシャでは、最高神ゼウスにこの花で冠を作って供えるという風習があったのだとか。オランダの貿易船を通じて日本にもたらされた頃は、香りが良いことから「麝香撫子」ともよばれました。

Flower Data

分類	ナデシコ科ナデシコ属
別名	オランダセキチク（和蘭石竹）、ジャコウナデシコ（麝香撫子）
開花期	春
出回り期	通年
花もち	1週間〜10日程度
流通	種子、苗、鉢植え、切り花

その他の誕生花
アスチルベ、ペチュニア（ピンク）

143

[この日生まれの人]

感受性が鋭く、豊かな内面世界をもつ人。日常の中に喜びを見出していきます。現実をしっかり見据える目もあり、日々をきっちり生き抜くはず。

誕生花

ドクダミ 蕺草

花びらのように見える白い葉の上に、ごく小さな淡黄色の花が穂状にたくさんつき、下から咲いていきます。草全体が独特の香りをもち、古くから「十薬」の名で民間薬として利用されてきました。日陰の道端や生け垣の下の湿った場所など、全国至るところに自生していますが、八重咲きの花が咲くものや斑入りの葉のものが観賞用として出回っています。

花言葉

白い追憶

Fish mint

Flower Data

分類	ドクダミ科ドクダミ属
別名	ギョセイソウ（魚腥草）、ジュウヤク（十薬）
開花期	夏
出回り期	5〜8月
花もち	10日程度
流通	苗

その他の誕生花
カーネーション（ピンク）、カンパニュラ、サンダーソニア、セイヨウシャクナゲ

誕生花

アリウム・ギガンテウム

アリウムには多くの品種があります。アリウム・ギガンテウムは「巨大な」という意味の名のとおり、1mを超えて伸びることもあり、太く真っ直ぐな花茎の先に、小さな花が集まって10〜15cmほどもある球状になります。アレンジでも花壇でも抜群の存在感を発揮する花です。花が終わった後の姿にも味わいがあり、ドライフラワーとしても楽しめます。

Giant onion

[この日生まれの人]
陽気でさっぱりとした性格でマイペース。でも、実は人知れず努力を積み重ねている頑張り屋です。アピールの上手さで道を切り拓くでしょう。

花言葉
円満な人柄
正しい主張
不屈の心

Flower Data

分類	ヒガンバナ科ネギ属（アリウム属）
別名	ハナネギ（花葱）、ギガンジウム
開花期	初夏
出回り期	3〜7月
花もち	10日程度
流通	球根、切り花

その他の誕生花
イキシア、カンパニュラ・メディウム、ノカンゾウ

145

[この日生まれの人]
堅実なしっかり者。何が起きても動じない落ち着いた態度が周囲に安心感を与えます。真面目そうに見えて、実は茶目っ気もあるタイプです。

花言葉
風格
高貴
人見知り

Tree peony

誕生花

ボタン 牡丹

ボタンは平安時代に中国から薬用植物として伝えられました。鮮やかな色、透けるように薄く柔らかな花びら、それが幾重にも重なった豪華な姿には、圧倒的な存在感があります。「百花の王」と讃えられ、平安時代の宮廷をはじめ、貴族の屋敷や寺院などで盛んに栽培され愛でられてきました。江戸時代以降には、多くの園芸品種が生み出され、さまざまな咲き方や花色を楽しむことができます。

Flower Data

分類	ボタン科ボタン属
別名	フウキグサ（富貴草）、ハツカグサ（二十日草）
開花期	春
出回り期	1〜4月
花もち	4〜5日程度
流通	苗、鉢植え、切り花

その他の誕生花
チューリップ（黄）、ロベリア

誕生花

バイカウツギ 梅花空木

香りの良さと花の美しさが愛され、多く
の園芸品種があります。花名の「梅花」は、
ウメに似ていることに由来しますが、5
弁のウメと違って花びらは4枚。日本固
有種のバイカウツギもありますが、香り
高いベルエトワールや八重咲きの花を咲
かせる園芸種が人気です。英名の「Mock
orange（モックオレンジ）」は、姿や香
りがオレンジの花に似ていることから。

花言葉

思い出

Mock orange

5/ ^{May}
18

［この日生まれの人］

小さなことにはこだわらない
爽やかな性格の持ち主。知的
好奇心が旺盛で、話題の守備
範囲が広いのも魅力。人生を
柔軟に歩んでいくでしょう。

Flower Data

分類	アジサイ科バイカウツギ属
別名	―
開花期	夏
出回り期	5～6月
花もち	5日程度
流通	苗、切り花

その他の誕生花
キバナコスモス、シャクヤク、
ユリノキ

5/19 May

Satsuki azalea

花言葉
節制

誕生花
サツキ 皐月

サツキは日本原産のツツジの一種で、江戸時代に品種改良が盛んに行われた際、旧暦の5月に咲くものをサツキ、4月に咲くものをツツジと呼び分けたことに始まります。花はツツジより小ぶりですが、品種によっては大輪の花を咲かせるものも。原種は朱赤色の花ですが、紫、ピンク、白、黄緑色の花が咲く園芸品種もあります。街中の生け垣によく使われます。

Flower Data

分類	ツツジ科ツツジ属
別名	サツキツツジ（皐月躑躅）
開花期	初夏
出回り期	4〜6月
花もち	1週間程度
流通	苗、鉢植え

その他の誕生花
クルミ、フレンチラベンダー

誕生花

カタバミ 片喰

愛らしい黄色い5弁の花を咲かせるカタ
バミは、道端など身近な場所で見られる
花です。それよりやや大型で、紫色の花
を咲かせるムラサキカタバミは、もとも
と南米原産。観賞用として持ち込まれた
ものが野生化しました。オキザリスの名
で流通している園芸品種は、特に花が美
しいカタバミの仲間で、葉の形も花の咲
き方、花色もさまざまです。

[この日生まれの人]
好奇心が旺盛で自由奔放。あ
りふれたものの中に輝きを見
つける人です。ユニークな存
在ながら、意外なほど常識を
大事に考えている一面も。

喜び 花言葉

Creeping
woodsorrel

Flower Data

分類	カタバミ科カタバミ属
別名	―
開花期	春〜秋
出回り期	4〜9月（オキザリス）
花もち	1週間程度
流通	球根、苗

その他の誕生花
ケマンソウ、デルフィニウム、
ハクサンチドリ

5/21 May

Rose

花言葉
情熱（赤）

誕生花

バラ（赤）薔薇

「花の女王」と呼ばれ、紀元前の昔から
世界中の人々を魅了してきました。日本
でも、古くから山野に自生するイバラや
中国原産のバラが栽培され、紫式部の『源
氏物語』などの古典文学にも登場します。
世界中で品種改良が盛んに行われたバラ
には数えきれないほどの品種や色があり
ます。それでも、クラシカルで上品な赤
いバラは、今も昔も愛されているようです。

Flower Data

分類	バラ科バラ属
別名	ソウビ、ショウビ（薔薇）
開花期	初夏から初冬まで品種によりさまざま
出回り期	通年
花もち	5日～1週間程度
流通	苗、鉢植え、切り花

その他の誕生花
ラークスパー

誕生花
ウツギ 空木

枝の先に鐘形の黄色い雄しべと雌しべが目立つ真っ白な5弁の小花を多数咲かせる姿が美しく、古くから庭木として愛されました。枝が中空のため、「ウツロギ（空木）」とよばれたのが転じてウツギの名になりました。「ウノハナ」の別名は、卯月（旧暦4月）に花開くことに由来します。昔は、この花の咲き具合によって農作物の出来を占ったのだとか。

花言葉
古風／風情

Flower Data

分類	アジサイ科ウツギ属
別名	ウノハナ（卯の花）、ウノハナウツギ（卯花空木）、ユキミグサ（雪見草）
開花期	初夏
出回り期	5〜6月
花もち	3日程度
流通	苗、切り花

その他の誕生花
アスチルベ、ミツバツツジ

Japanese snowflowe

誕生花

ジャーマンアイリス

生花店でよく出回っているのはオランダで作り出されたダッチアイリスですが、近年はドイツなどで改良が進められたジャーマンアイリスも流通しています。花色が多彩なため「レインボーフラワー」の別名があります。花が大きく、花びらにたっぷりのフリンジが入り華やかで見応えがあります。アイリスの名はギリシャ神話の虹の女神イリスに由来します。

German iris

花言葉
燃える思い

Flower Data

分類	アヤメ科アヤメ属
別名	ドイツアヤメ(独逸菖蒲)、レインボーフラワー
開花期	初夏
出回り期	5〜6月
花もち	3日程度
流通	球根、苗、切り花

その他の誕生花
カラー (白)、カルセオラリア

誕生花

ヘリオトロープ

枝の先に紫色や白の小さな花を密集して
咲かせます。花はバニラのような甘い香
りをもち、花から採れる精油が香水の原
料とされることから、「コウスイボク（香
水木）」、「コウスイソウ（香水草）」の別
名もあります。春から秋まで長く咲くため、
花壇の花としても人気です、花が小さく
香りが強い品種と、花が大きく香りがや
や弱い品種があります。

[この日生まれの人]
感受性が豊かで空想好き。ひ
とりの時間を大切にします。
同時に、周囲には親切で優し
く接していくタイプ。平和主
義的な生き方も特徴です。

Garden heliotrope

花言葉
献身的な愛
私はあなたを見つめる

Flower Data

分類	ムラサキ科キダチルリソウ属
別名	ニオイムラサキ（匂紫）、キダチルリソウ（木立瑠璃草）
開花期	春〜秋
出回り期	3〜7月
花もち	3〜5日程度
流通	種子、苗、鉢植え

その他の誕生花
アサガオ、バーベナ、ムギワラギク

5/25 May

[この日生まれの人]

想いを率直に口にできるオープンなタイプ。行動も大胆でストレートです。思いついたら即、行動で、持ち前の知性で道を切り拓くでしょう。

Japanese wisteria

Flower Data

分類	マメ科フジ属
別名	ノダフジ（野田藤）
開花期	春〜初夏
出回り期	4〜5月
花もち	2週間程度
流通	苗、鉢植え

その他の誕生花
ニチニチソウ、パンジー、
ビオラ、ラナンキュラス

誕生花

フジ 藤

紫色や淡い紅色の蝶形の花が横向きに多数つく花房が美しいつる性植物です。藤棚の下で春風に揺れる藤浪の眺めは素晴らしいものです。野生のフジが大木の梢まで絡まって成長し、開花期には木全体を紫色や淡い紅色に染め上げるさまは、旺盛な生命力を感じさせます。花房が稲穂を連想させることから、古くは神聖な木とも考えられていました。

花言葉
至福のとき

誕生花

シャスタデージー

マーガレットの花が終わった頃に、マーガレットによく似た花を咲かせます。5〜10cmほどもある大輪の花は、白い花びらと黄色い部分のコントラストが涼しげです。花名はアメリカ合衆国カリフォルニア州にあるシャスタ山にちなみます。一重咲きのほかに八重咲きや丁字咲きもあり、ドライフラワーとしても楽しめます。黄色い花びらの品種もあります。

[この日生まれの人]
真面目で一本芯の通ったタイプ。責任感があり、忍耐強さも兼ね備えた人です。冷静な判断力を武器に、日々ステップアップしていくでしょう。

花言葉
忍耐

Shasta daisy

Flower Data

分類	キク科レウカンテマム属
別名	―
開花期	初夏
出回り期	5〜7月
花もち	5日〜1週間程度
流通	種子、苗、切り花

その他の誕生花
ゼラニウム、チャ

【この日生まれの人】
頭の回転が速いうえに察しが
よく、一瞬で物事の全体像を
把握できる人。おしゃべり上
手で明るい性格は誰からも好
感をもたれているはず。

花言葉
集う喜び
寛容

誕生花
マトリカリア

マーガレットやシャスタデージーとは対
照的に、白い花びらよりも花の中央の黄
色い部分が目立ちます。同じキク科の仲
間のカモミールにも似ています。細く華
奢な茎がよく枝分かれして、株いっぱい
に花を咲かせるさまが可憐です。ヨーロ
ッパでは古くから薬用にされたため、解
熱剤を意味するラテン語にちなんだ「フ
ィーバーフュー」の英名があります。

Flower Data

分類	キク科ヨモギギク属
別名	ナツシロギク（夏白菊）、イヌカミツレ（犬加密列）
開花期	春〜夏
出回り期	通年
花もち	3日〜1週間程度
流通	種子、苗、切り花

その他の誕生花
エリゲロン、カタバミ

156

誕生花

ヤマブキ 山吹

輝くような黄色い花とフレッシュな黄緑色の新葉が明るく春を彩ります。恋しい女性の面影を宿す花として『万葉集』にも詠まれ、観賞のために古くから庭木として愛でられました。山吹色の色名の由来となった黄色の花はもちろん、しなやかに枝垂れた枝姿も楚々として美しい日本原産の花木です。華やかな八重咲きのヤエヤマブキもあります。

Japanese rose

花言葉
気品
崇高
金運

Flower Data

分類	バラ科ヤマブキ属
別名	オモカゲグサ（面影草）
開花期	春
出回り期	3〜5月
花もち	1週間程度
流通	苗、切り花

その他の誕生花
エンレイソウ、オオデマリ

[この日生まれの人]
感情のアップダウンが小さく、安定した人。いつも冷静でクールです。完璧主義なのも特徴。目標を確実に達成するまで努力を続けられるタイプ。

花言葉
つつましい愛
おしゃれ

Lady's eardrop

誕生花

フクシア

「淑女のイヤリング」という意味の英名にふさわしく、エレガントな淑女のたたずまいを彷彿とさせるフクシア。大きく反り返った部分は萼で、中央部分が花です。数本の雄しべとそれよりも長い雌しべが突き出した美しい花姿が愛され、多くの園芸品種が作られました。八重咲きのものもあり、花の大きさ、萼や花の色の組み合わせなどもさまざまあります。

Flower Data

分類	アカバナ科フクシア属
別名	ツリウキソウ（釣浮草）
開花期	春〜秋
出回り期	3〜6月
花もち	1週間程度
流通	種子、苗

その他の誕生花
セキチク、トルコキキョウ

誕生花

ライラック（紫）

春、枝先にふんわりと小さな花を房状に
たくさん咲かせ、甘く優しい香りを漂わ
せるロマンチックな花です。甘くなりす
ぎず、クールにもならない紫色のライラ
ックは、シックで落ち着いた雰囲気が魅
力です。輸入ものの切り花も出回ってい
ますが、国産の切り花は葉付きで出回る
ので、アレンジメントにするとフレッシ
ュで爽やかな雰囲気を演出できます。

[この日生まれの人]
超人的なほどに活動的なタイ
プで、負けん気の強さも持ち
味です。旺盛な知識欲と頭の
回転の速さとで、人の何倍も
の濃い人生を送るでしょう。

花言葉
恋の芽生え（紫）

Flower Data

分類	モクセイ科ハシドイ属
別名	ムラサキハシドイ（紫丁香花）、ハナハシドイ（花丁香花）、リラ
開花期	春
出回り期	10〜6月
花もち	5〜10日程度
流通	苗、切り花

その他の誕生花
オリエンタルポピー、シラー

Lilac

[この日生まれの人]
感受性が強く、ウエットなハートの持ち主。空想するのが大好きな半面、合理的で理屈っぽい側面も。相反する性格が同居した魅力的な人です。

誕生花
ラグラス

ギリシャ語で「野ウサギの尻尾」を意味する名をもつラグラス。フワフワした柔らかい毛で覆われたふっくらと丸い淡緑色の花穂（かすい）が特徴です。その名のとおりウサギの尻尾のようでキュートな花姿が愛され、ナチュラルなアレンジメントによく使われます。ドライフラワーとしても、赤や緑、青、黄色など、カラフルに着色されたものが出回っています。

花言葉
感謝
私を信じて
はずむ心

Bunny tail

Flower Data

分類	イネ科ウサギノオ属（ラグラス属）
別名	ウサギノオ（兎の尾）
開花期	春〜夏
出回り期	5〜7月
花もち	1週間程度
流通	種子、苗、切り花

その他の誕生花
シラン、フジ

幸運を招く12か月の花

数秘術という占いから見ると、それぞれの月には象徴するものがあります。
身近に置くのにふさわしい花言葉がついている花を紹介します。

1月の花
グロリオサ

前向きなパワーに満ち溢れる1月。花言葉「勇敢」のグロリオサがそれを象徴しています。

2月の花
カモミール

2月はやさしさが育つとき。花姿や香りが「癒し」を与えてくれるカモミールこそ2月の花。

3月の花
ブバリア

人の行き来が盛んになる3月。「交流」の花言葉があるブバリアが開運の後押しをします。

4月の花
スターチス

誠実＆忍耐がキーワードの4月には「変わらぬ心」「永久不滅」のスターチスがふさわしい。

5月の花
アンスリューム

活気と熱意とに溢れる5月。花言葉「情熱」のアンスリュームこそ5月の花にぴったり。

6月の花
バーベナ

家庭に落ち着くことを意味する6月。花言葉「家庭的」のバーベナが家族を守ります。

7月の花
クレオメ

7月は隠れた幸運を引き出す月。「秘密」を暗示するクレオメは、象徴的な花です。

8月の花
アザミ

勤勉に頑張るとき、8月。「独立」「厳格」を意味するアザミがふさわしい花です。

9月の花
キンモクセイ

理想を叶えられる9月には、「気高い人」を暗示するキンモクセイが幸運を呼びます。

10月の花
ガーベラ

革新をもたらす10月。花言葉「いつも前向き」の赤い花が10月を象徴しています。

11月の花
カトレア

インスピレーションが冴える11月。カトレアの持つ「魔力」が最も発揮されるときです。

12月の花
ラケナリア

来る年への期待に満ちた12月。「変化」「好奇心」の花言葉から、突破する力を受け取って。

[この日生まれの人]
人当たりが良く、誰とでもフレンドリーにつきあえる天性の社交家。それは全ての人の幸せを願っているから。細やかな気配りも持ち味です。

誕生花

アスチルベ

ピンクや赤、白、紫のフワフワとした小さな花が泡立つようにたくさん集まって穂をつくり咲く姿が、軽やかで優しげな雰囲気。日本の山野に自生するアワモリショウマなどを基に、ヨーロッパで品種改良されました。青などのクールな染めの切り花も出回っており、洋風・和風のどちらのアレンジメントにも合わせやすく、ドライフラワーとしても楽しめます。

花言葉
恋の訪れ
心のまま
控えめ

Astilbe

Flower Data

分類	ユキノシタ科チダケサシ属
別名	アワモリソウ（泡盛草）、アワモリショウマ（泡盛升麻）
開花期	夏
出回り期	5〜7月
花もち	1週間程度
流通	苗、切り花

その他の誕生花
オールドローズ、チューベローズ、マトリカリア

Monkey flower

[この日生まれの人]

意志が強く、確固としたポリシーをもつ人。目標に向かい、他人から見えないところで、たゆまぬ努力を続けるでしょう。負けず嫌いな一面も。

花言葉
笑顔を見せて
おしゃべり

誕生花
ミムラス

話しかけてくるようにも、笑いかけてくるようにも見える可愛らしい形の花を次々と咲かせ、初夏から秋まで長く楽しませてくれます。花名は、ラテン語の道化や猿を意味する言葉に由来し、この花の形にちなむようです。鮮やかな花色が特徴のひとつで、赤、黄、ピンク、オレンジなどがあります。独特の香りをもつため「ニオイホオズキ」の別名があります。

Flower Data

分類	ハエドクソウ科ミゾホオズキ属
別名	アメリカミゾホオズキ（亜米利加溝酸漿）、ニオイホオズキ（匂酸漿）、ミムルス
開花期	初夏〜秋
出回り期	2〜7月
花もち	3週間程度
流通	種子、苗

その他の誕生花
オダマキ（赤）

163

[この日生まれの人]
明るく無邪気な心をもった快楽主義者。気持ちの切り替えが上手で、悩みごともすぐに解決させるでしょう。洗練されたセンスの持ち主でも。

誕生花

アジサイ 紫陽花

梅雨の季節の風物詩ともいえるアジサイの花。花期が長く、しっとりとした風情と美しい花色が魅力です。大輪の手毬咲きの花は、一輪だけで飾っても存在感があります。中央の小さな花を囲むように装飾花がついた額縁咲きのアジサイは、手毬咲きに比べると控えめな印象ですが、風雅な趣があります。時間が経つにつれて花の色が変わるのも味わい深い花です。

Hydrangea

花言葉
移り気
辛抱強さ

Flower Data

分類	アジサイ科アジサイ属
別名	シチヘンゲ（七変化）、ハイドランジア
開花期	夏
出回り期	5〜7月
花もち	5日程度
流通	苗、鉢植え、切り花

その他の誕生花
クサキョウチクトウ

[この日生まれの人]

頭の回転が速く、行動力もあり、スピーディーにものごとをこなします。ユーモア溢れるおしゃべりも得意技。自分の能力に自信があるでしょう。

花言葉
感激

誕生花
カスミソウ（ピンク）霞草

無数に枝分かれした細い枝に白い小さな花が群がるように咲く姿が、ふんわりと優しくロマンチックな雰囲気を醸し出します。英名の「Baby's breath（赤ちゃんの吐息）」はこのソフトな雰囲気からのようです。どんな花とも相性が良く、アレンジメントやブーケに欠かせません。蕾の切り花が開花することは稀なので、花が開いたものを購入するとよいでしょう。

Baby's breath

Flower Data

分類	ナデシコ科ギプソフィラ属
別名	シュッコンカスミソウ（宿根霞草）、コゴメナデシコ（小米撫子）
開花期	夏
出回り期	通年
花もち	5日〜1週間程度
流通	種子、苗、切り花

その他の誕生花
アーティチョーク、ウツギ、バラ（ピンク）

誕生花

ホタルブクロ 蛍袋

ふっくらとした釣鐘状の花が連なって下
向きに咲く姿は、和の情緒たっぷり。こ
の花の形から「釣鐘草」ともよばれます。
切り花として出回りますが、日当たりの
良い草原や林縁（りんえん）に自生するものも。子ど
もが花の中にホタルを入れて提灯（ちょうちん）に見立
てて遊んだことからこの名がついたとい
う由来も、素朴で優しげなこの花の風情
によく似合います。

Spotted bellflower

貞 正 忠 花
節 義 実 言
　　　 葉

Flower Data

分類	キキョウ科ホタルブクロ属
別名	ツリガネソウ（釣鐘草）、チョウチンバナ（提灯花）
開花期	夏
出回り期	5～6月
花もち	5日程度
流通	種子、苗、切り花

その他の誕生花
オモダカ、ダリア、モントブレチア、
マリーゴールド（橙）

166

誕生花

ペンステモン

ペンステモンは、ペンステモン属の総称で、原種だけでも250種もあります。別名の「ツリガネヤナギ」は、独特の釣鐘形の花に由来します。ペンステモンには多数の園芸品種があり、光沢のある赤褐色の葉と白い花のコントラストが美しいもの、透明感のある青い花を咲かせるもの、草丈が高くたくさん花を咲かせるものなどさまざまです。

［この日生まれの人］
エネルギーに溢れ、常に動き回り、キラキラと輝いているような人。アイデアや発想力が抜群で、興味の幅が広く、好奇心も旺盛です。

花言葉
美しさへの憧れ
あなたに見とれています

Beard tongue

Flower Data

分類	オオバコ科イワブクロ属（ペンステモン属）
別名	ヤナギチョウジ（柳丁子）、ツリガネヤナギ（釣鐘柳）
開花期	初夏〜秋
出回り期	3〜6月
花もち	5日程度
流通	種子、苗、鉢植え、切り花

その他の誕生花
アストランティア、イチハツ、バビアナ

167

6 / Jun. 7

[この日生まれの人]
社交的で明るい雰囲気ですが、内面には繊細でシャイな心も。自分のペースを守りつつ、物事にはきちんと取り組む誠実さの持ち主でしょう。

花言葉
おしゃべり

誕生花
アマリリス

存在感が抜群のアマリリス。すらりと伸びた太い茎の先に、ユリに似た大輪の花を複数、横向きにつけた姿がゴージャスです。ブライダルの花として人気があり、また、贈り物の鉢花にされることも多いです。白や鮮赤色のもの、華やかな八重咲きのものが多く出回っています。写真のように、優美で艶やかなストライプ模様の花を咲かせる品種もあります。

Barbados lily

Flower Data

分類	ヒガンバナ科ヒッペアストルム属
別名	キンサンジコ（金山慈姑）
開花期	春、秋
出回り期	4〜6月（春咲き品種）、10月（秋咲き品種）
花もち	5日〜1週間程度
流通	球根、苗、鉢植え、切り花

その他の誕生花
宿根アマ、バラ（黄）、レースフラワー

Flower Data

分類	モクレン科モクレン属
別名	ハクレンボク（白蓮木）
開花期	夏
出回り期	通年（枝ものとして）
花もち	1週間程度
流通	苗、切り枝

その他の誕生花
アガパンサス、シャガ、
ジャスミン、ニセアカシア

【この日生まれの人】

フットワークが軽く、自由自在に活動します。ジャンルを問わず何事も器用にこなせるでしょう。目立ちたがりのスマートな自由人タイプです。

花言葉

前途洋々

誕生花

タイサンボク 泰山木

ぽってりと厚みのある乳白色の花びらと萼が大輪の花を形づくり、優しく爽やかな香りを漂わせます。ときに20mもの樹高に成長することもあり、街路樹として、また公園など憩いの場に植えられることも多い花木です。光沢のある深い緑色の常緑の葉が美しいことから、アレンジメントやブーケのグリーン、リースの花材として、切り枝が出回っています。

Southern magnolia

[この日生まれの人]

大胆でありながら繊細、ポジティブながら保守的……と、二面性を備えた人。TPOに応じた振る舞いで、波風を立てずに周囲と調和していきます。

誕生花

スイートピー

花茎にパステルカラーの蝶がひらひらと戯れているようなフリルたっぷりの花とほのかな甘い香りが魅力です。17世紀にイタリアのシチリア島で発見されたスイートピーは、19世紀に品種改良が進みました。20世紀初頭に在位したイギリスのエドワード7世の王妃が、とりわけこの花を愛し、開花期には宴席や衣装に必ずスイートピーを飾っていたそうです。

Sweet pea

花言葉

やさしい思い出
門出
蝶のように飛翔する

Flower Data

分類	マメ科レンリソウ属
別名	ジャコウレンリソウ（麝香連理草）、ジャコウエンドウ（麝香豌豆）
開花期	春〜初夏
出回り期	11〜4月
花もち	5日程度
流通	種子、切り花

その他の誕生花
アスター、フレンチラベンダー、ルリハコベ

Flower Data

分類	キツネノマゴ科ハアザミ属
別名	ハアザミ（葉薊）
開花期	初夏〜秋
出回り期	4〜10月
花もち	5日〜1週間程度
流通	種子、苗

その他の誕生花
ホタルブクロ、ラナンキュラス、ラムズイヤー

花言葉
美術／建築／技巧

Bear's breech

誕生花

アカンサス

古代ギリシャの建築に見られるコリント様式という柱の装飾は、この葉がモチーフになっています。アカンサスの仲間のうち、最も多く出回っているアカンサス・モリスは、草丈が1mを超えることもあり、四方に伸びた大きな葉と唇形の花が連なって咲く大きな花穂（かすい）が特徴です。紫色の部分は萼（がく）で、白い花びらとの対比が美しく、抜群の存在感を発揮します。

171

[この日生まれの人]
知識量が多く、それをうまく活用できる頭脳明晰な人。忍耐強く最後まで頑張り、成功を手にします。そんな自分に大きな自信をもっているはず。

誕生花

ライラック

北海道では街路樹として植えられるライラック。小さな花が群れてふんわりと咲き、甘い香りを漂わせます。その様子は北国の短い夏の風物詩。花色にはポピュラーな紫のほかに、白、クリーム色、ピンク、赤などがあります。4弁の花が一般的ですが、5弁の花もあり、「ラッキーライラック」とよばれて、恋の成就のおまじないに使われることも。

Lilac

花言葉
思い出
初恋の香り
無邪気（白）

Flower Data

分類	モクセイ科ハシドイ属
別名	ムラサキハシドイ（紫丁香花）、ハナハシドイ（花丁香花）、リラ
開花期	春
出回り期	10〜6月
花もち	5〜10日程度
流通	苗、切り花

その他の誕生花
ヒゲナデシコ

誕生花

ジンジャーリリー

花茎の先に筒状に重なった緑色の葉の間
から、優雅に舞う蝶のような美しい花を
咲かせます。花には甘い香りがあり、花
から採った精油は香水の材料になります。
江戸時代に薬用植物として渡来しました
が、香りが良く花が美しいことから観賞
用に栽培され、園芸品種が多く作られま
した。黄、オレンジ、ピンク、赤などの
花を咲かせる品種もあります。

Ginger lily

花言葉
信頼／豊かな心

Flower Data

分類	ショウガ科ハナシュクシャ属
別名	ハナシュクシャ（花縮砂）、シュクシャ（縮砂）
開花期	夏〜秋
出回り期	6〜10月
花もち	3〜4日程度
流通	球根、苗、切り花

その他の誕生花
スパティフィラム

[この日生まれの人]
明るく開放的な人。積極的に
リーダーシップをとり、面倒
事も引き受けるので、周囲か
らの信頼度は抜群。半面、繊
細で傷付きやすい一面も。

Safflower

誕生花

ベニバナ 紅花

紅色の染料、薬用、食用などに利用でき
るため、古くから栽培されてきました。『万
葉集』にも「紅」や「末摘花」の名で詠
まれています。末摘花の名は、花が茎の
先端（末）にあり、花を摘み取って利用
したことから。『源氏物語』では、鼻の
先が赤い姫君の名となりました。山形県
の県花でもあり、ドライフラワーにして
も美しい色を保ち、長く楽しめる花です。

花言葉
装い／包容力

Flower Data

分類	キク科ベニバナ属
別名	スエツムハナ（末摘花）、クレノアイ（呉藍）
開花期	夏
出回り期	6〜8月
花もち	5日〜1週間程度
流通	種子、苗、切り花

その他の誕生花
エピデンドラム、ジギタリス、
トケイソウ

誕生花
グラジオラス

すらりと伸びた茎に、透け感のある柔らかそうな大輪の花を連なって咲かせる姿が、なんともいえず優美です。花名は、ギリシャ語で「剣」を意味し、葉の形に由来します。春咲きと夏咲きの品種があり、春咲きのほうが小ぶりで繊細な印象です。花は下から咲いていくので、咲き終わった花がらを取り除くことで、長く美しい姿を楽しむことができます。

[この日生まれの人]
明るくてさっぱりした気性の持ち主。気さくで優しい雰囲気が周囲の人を魅了します。気配り上手でもあり、フットワークも軽いタイプでしょう。

花言葉
勝利／密会／用心

Sword lily

Flower Data

分類	アヤメ科グラジオラス属
別名	トウショウブ（唐菖蒲）、オランダアヤメ（和蘭陀菖蒲）
開花期	春・夏
出回り期	通年
花もち	3〜10日程度
流通	球根、切り花

その他の誕生花
アジサイ

175

6/15 Jun.

Kousa dogwood

[この日生まれの人]
聡明で察しが良く、臨機応変に振る舞える人。自由でスマート、世渡り上手なタイプです。何かに熱中している時でもクールさを忘れない一面も。

花言葉
友情

誕生花

ヤマボウシ 山法師

白い花びらのように見える総苞片が、時間とともに淡緑色から白色に変化し、まれに縁が淡紅色にほんのりと彩られることもあります。葉が出た後に開花するので、皺の目立つ濃緑の葉と白い花のコントラストが清々しく、和の情緒もたっぷり。グリーンとして花のない切り枝が出回ることもあります。紅葉も美しい木ですが、最近は常緑の品種もあります。

Flower Data

分類	ミズキ科サンシュユ属（ミズキ属）
別名	ヤマグワ（山桑）
開花期	初夏〜夏
出回り期	11〜3月
花もち	2週間程度
流通	苗、切り花、切り枝

その他の誕生花
カーネーション、スイカズラ、ムラサキツユクサ

176

Japanese stewartia

[この日生まれの人]

堅実な性格で安定を求める人。
内気で恥ずかしがり屋な一面
も。しかし信頼できる人たち
と一緒にいるときには大胆な
振る舞いを見せるでしょう。

花言葉
はかない美しさ

誕生花

ナツツバキ 夏椿

透明感のある白い花びらには縦皺があり、
縁が波打って繊細なフリンジのようにな
っているのが特徴です。優しげではかな
げな白い姿が、ツバキに似て夏に咲くこ
とから名づけられました。侘び・寂びの
ある奥深い美しさが愛され、茶花として
もよく用いられます。「シャラノキ」の別
名は、仏教で聖なる木とされる沙羅双樹
になぞらえられたことに由来します。

Flower Data

分類	ツバキ科ナツツバキ属
別名	シャラノキ（沙羅樹）、サルナメ（猿滑）
開花期	初夏〜夏
出回り期	5〜6月
花もち	1日
流通	苗、切り花

その他の誕生花

シャクヤク、チューベローズ

6/17 Jun.

好奇心が旺盛で、気の向くままに行動する自由な人。親しみやすい性格で、周囲を惹きつけるでしょう。その実、内面には繊細さを秘めています。

誕生花

スイカズラ 吸葛

つる性の植物で、山野に自生するスイカズラを見ることもあります。雄しべが突き出した唇形の花には甘い香りがあり、蜜を吸うと甘いため、スイ（吸い）カズラと名づけられました。花は淡い紅色を帯びた白から徐々に黄色に変化し、白花と黄花が入り乱れて咲く姿が美しいことから、金銀花の別名も。つるが、グリーン花材として出回ることもあります。

花言葉
献身的な愛

Japanese honeysuckle

Flower Data

分類	スイカズラ科スイカズラ属
別名	ニンドウ（忍冬）、キンギンカ（金銀花）
開花期	初夏〜夏
出回り期	5〜6月
花もち	3〜4日
流通	苗、切り花、切り枝

その他の誕生花
クローバー（四つ葉）、シロツメクサ、フウセンカズラ

Flower Data

分類	ウルシ科ハグマノキ属
別名	ハグマノキ(白熊木)、 カスミノキ(霞の木)、 ケムリノキ(煙の木)
開花期	夏
出回り期	5〜11月
花もち	10日〜2週間程度
流通	苗、切り花

その他の誕生花
ゴデチア、タチアオイ

花言葉
賢明
はかない青春

［この日生まれの人］
洗練されたセンスと輝くオーラとを兼ね備えた人。誰もが憧れを感じる存在です。けれど気取らず、ナチュラルな姿を見せているのも魅力。

誕生花
スモークツリー

3mmほどの小さな淡い黄緑色の5弁の花が枝先に無数に集まって咲きます。花が終わると花柄が細い糸状に伸びるため、遠目には煙か霞が立ったように見えます。この幻想的な佇まいが花名の由来です。アレンジメントやリースに使うと、ボリュームが出せるうえナチュラルで優しい雰囲気が加わります。繊細な見た目ながら意外なほど花もちが良いのも魅力です。

Smoke tree

[この日生まれの人]

感受性豊かで勘も鋭い人。自分のフィーリングを大切にしています。明るく穏やかな雰囲気ながら、周囲が考えを悟れないミステリアスな魅力も。

誕生花

グリーンベル

白やピンクの花の根元がぷくっと風船のように膨らんで、なんともいえない愛嬌があります。風船のような部分は萼で、花が咲き終わった後も残るので、この愛らしい姿を楽しめます。山野草のような小花の素朴な風情と明るい緑色の萼がもたらす清涼感を同時に味わえる花です。シレネの仲間の園芸品種で、シレネ・ブルガリスの名で出回ることもあります。

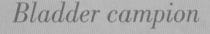

Bladder campion

Flower Data

分類	ナデシコ科シレネ属
別名	フウリンカ（風鈴花）、シラタマソウ（白玉草）、シレネ・ブルガリス
開花期	夏
出回り期	3〜7月
花もち	1週間程度
流通	種子、切り花

その他の誕生花
アガパンサス、バラ（赤）

花言葉
偽りの愛

Flower Data

分類	ナス科カリブラコア属
別名	—
開花期	春〜晩秋
出回り期	3〜5月、8〜9月（苗）
花もち	3〜5日程度（ひとつの花）
流通	苗

その他の誕生花
クリ、トラノオ

[この日生まれの人]

明るくアクティブ。楽しいことが大好きな、はつらつとした人です。アイデアを即座に実行する行動力があり、パワフルな毎日を送っていきます。

花言葉
穏やかな心
あなたといると心が和む

Calibrachoa

誕生花

カリブラコア

もともとペチュニア属に分類されていたカリブラコアの花は、ペチュニアに似て小ぶりです。丈夫でどんどん枝分かれして株が大きくなり、たくさん花をつけて長く咲きます。そのため、花壇や鉢植えの花として人気です。ビビッドな黄色やオレンジ、ピンク、赤など花色も豊富で、シックなニュアンスカラーのものや八重咲きのものもあります。

6/21 Jun.

[この日生まれの人]

華やかな存在ながら落ち着いた雰囲気をまとった人。我慢強く、努力家でもあります。情が深く、大切な人のためにはとことん尽くす一面も。

誕生花

ヤマモモ 山桃

ひたむきでロマンチックな花言葉をもつヤマモモ。初夏、1.5〜2cmほどの小さなつぶつぶのある赤く甘酸っぱい果実を枝先にたわわに実らせて、常緑の木を愛らしく彩ります。花には雌雄があり、それぞれ異なる木に咲きます。どちらもごく小さいうえに花びらがないため目立ちませんが、雄花の花粉は風に乗って遠くの雌花まで届きます。

Japanese bayberry

花言葉
一途
ただひとりを愛する

Flower Data

分類	ヤマモモ科ヤマモモ属
別名	ヨウバイ（楊梅）、チャイニーズベイベリー
開花期	春
結実期	初夏
出回り期	3〜6月（苗）
花もち	2週間程度
流通	苗

その他の誕生花
アマリリス、コデマリ

Flower Data

分類	キキョウ科キキョウソウ属
別名	ダンダンキキョウ（段々桔梗）
開花期	初夏〜夏
流通	—

その他の誕生花
キングサリ、シラン、マトリカリア

[この日生まれの人]
豊かな感受性と抜群の表現力、さらにポジティブ精神を持ち合わせた人。サービス精神旺盛で、周囲を楽しませ、盛り上げるのが得意でしょう。

花言葉
優しい愛

Clasping Venus' looking-glass

誕生花

キキョウソウ 桔梗草

南北アメリカ原産のキキョウソウ。日本に帰化し、東北地方南部以西の日当たりの良い道端や草地などに広く分布している身近な花です。キキョウの花に形が似ていることからこの名がつけられました。素朴で可憐な花の色は、青紫色から淡い赤紫色まで幅があります。「ダンダンキキョウ」の別名は、花と葉が茎に段々につくことに由来します。

誕生花

ビヨウヤナギ 未央柳

細い糸のような長い雄しべが無数に突き出した黄金色の花が、エレガントで繊細な雰囲気を醸し出します。ヤナギに似た葉の色と、枝先に咲いた黄色い花のコントラストが涼しげで、秋の紅葉も美しいため、庭木として植えられることの多い花木です。赤や黒の美しい実をつける園芸品種もあり、秋には実つきの切り枝が出回ります。

花言葉
気高い美しさ

Flower Data

分類	オトギリソウ科オトギリソウ属
別名	ビジョヤナギ（美女柳）
開花期	夏
出回り期	5〜6月
花もち	5日程度
流通	苗、切り花、切り枝（実つき）

その他の誕生花
ミヤコワスレ、ムラサキツユクサ、ローマンカモミール

Chinese hypericum

[この日生まれの人]

世話好きで人情家。子どもの
ような素直な感受性も持ち味
で、その親しみやすさで周囲
の人に安心感を与えます。思
い出を大切にする一面も。

誕生花

アストランティア

ギリシャ語で「星」を意味する言葉に由
来する花名のとおり、天球に散りばめら
れた星くずのように、小さな5弁の花が
多数咲きます。その下の、大きな花びら
のように見えるのは葉の一部。アレンジ
メントや花壇の脇役として、ふんわりと
優しいナチュラルな雰囲気をつくります。
ドライフラワーにもしやすく、シックな
風合いを楽しめるのも魅力です。

花言葉

愛の渇き
星に願いを

Flower Data

分類	セリ科アストランティア属
別名	アストランチャ、 マスターウォート
開花期	初夏〜夏
出回り期	通年
花もち	1週間程度
流通	種子、苗、切り花

その他の誕生花
アジサイ、グラジオラス

Great masterwort

[この日生まれの人]

愛情深く、人の気持ちに寄り添うことができる温かなハートの持ち主。他人との心の触れ合いを大切にし、人間味溢れる魅力的な存在でしょう。

誕生花

ヒルガオ 昼顔

全国各地の道端や草原、畑地などに自生する、つる性の多年草です。奈良時代の末頃に中国からもたらされたアサガオとは異なり、古くから全国各地に自生して親しまれてきました。薬用とされたほか、新芽は山菜として食用にも。漏斗型の淡い紅色の花は優しげで、のびのびとつるを伸ばして咲く姿にはのどかな雰囲気があります。

Japanese bindweed

絆 花言葉

Flower Data

分類	ヒルガオ科ヒルガオ属
別名	—
開花期	夏
流通	—

その他の誕生花

クラスペディア、フェンネル

誕生花

ガザニア

深みのある鮮やかな大輪の花を咲かせます。艶のある花びらは光を受けてキラキラと輝き、アレンジメントでも寄せ植えでも抜群の存在感を発揮します。おひさまが大好きな花で、太陽が当たると花が開き、曇った日や夕方以降には花が閉じてしまう習性があります。花色には白、黄、オレンジ、ピンクなどがあり、花びらにラインが入るものもあります。

[この日生まれの人]

クールで落ち着いた印象ながら、内面には豊かな感受性を秘めています。順応性があり義理人情に篤いため、周囲から親しまれているはず。

Flower Data

分類	キク科クンショウギク属
別名	クンショウギク（勲章菊）
開花期	春～秋
出回り期	2～10月
花もち	1週間程度
流通	種子、苗、鉢植え

その他の誕生花
ジギタリス、ビヨウヤナギ、ペンタス

花言葉
潔白
あなたを誇りに思う

Gazania

6/27 Jun.

[この日生まれの人]

愛情深く、母性的な人。周囲の人をほんわかと癒やすオーラの持ち主。サポート役が得意で、陰から人助けをしたいと願っているでしょう。

誕生花

ハナカンザシ 花簪

透けるように薄い花びらのように見えるものは、葉が変化したもので、触れるとカサカサして精巧な紙細工のような質感。本当の花は黄色く目立つ中央の部分です。花壇や寄せ植えにもよく利用され、たくさん枝分かれして株が大きくなるうえに、次々と小花が咲いて長く楽しめるのも魅力です。花色にはピンクと白があり、ドライフラワーとしても楽しめます。

Pink paper-daisy

花言葉
温厚
変わらぬ思い

Flower Data

分類	キク科ローダンテ属
別名	ヒメカイザイク（姫貝細工）
開花期	春〜夏
出回り期	12〜5月
花もち	3週間程度
流通	苗、鉢植え

その他の誕生花

アガパンサス、トケイソウ、
ベニバナ

188

誕生花

ツワブキ 石蕗

ツヤツヤとした常緑の葉の間から長い茎
を伸ばして米俵のような形の可愛らしい
蕾をいくつもつけます。花はキクに似て、
ほのかな香りがあります。フキに似た葉は、
一見素朴な印象を与えますが、黄色い花
がまとまって咲く姿は華やかでエレガント。
葉にツヤがあることからツヤブキと
よばれていたのが、転じてツワ
ブキの名になりました。

[この日生まれの人]

温かなハートで人に接する面
倒見の良い人。人の心を深く
読み取ります。反面、冷静な
思考力をもち、感情に流され
ることは少ないでしょう。

花言葉
困難に負けない

Leopard plant

Flower Data

分類	キク科ツワブキ属
別名	ツヤブキ（艶蕗）
開花期	秋〜冬
出回り期	4〜5月、9〜10月（苗）
花もち	1週間程度
流通	苗

その他の誕生花
エスカロニア、ゼラニウム、
トルコキキョウ、ベルフラワー

189

6/29

Jun.

[この日生まれの人]
親しみやすい癒し系の存在ながら、心の中はエモーショナル。深い愛情と豊かな感情をもっています。特に身内には限りなく優しいでしょう。

誕生花

アガパンサス

ギリシャ語の「愛の花」を意味する言葉が花名の由来です。南アフリカ原産のため、「African lily（アフリカン・リリー）」の英名があります。まっすぐに伸びた太く長い花茎の先に、青や紫、白の漏斗状（ろうと）の花がたくさん集まって咲く姿は優雅で華やか。爽やかな印象もあります。和風・洋風どちらのアレンジメントにも合わせやすいのが魅力の花です。

African lily

花言葉
恋の訪れ
ラブレター
知的な装い

Flower Data

分類	アガパンサス科アガパンサス属
別名	ムラサキクンシラン（紫君子蘭）
開花期	夏
出回り期	5～8月
花もち	5日～1週間程度
流通	球根、苗、切り花

その他の誕生花
アメリカフウロ、アヤメ、ジャーマンアイリス

【この日生まれの人】

ボランティア精神に溢れ、優しい気持ちの人。芯が強く、心の中には熱く激しい思いを秘めています。意外とアクティブな傾向もあるでしょう。

花言葉

知識／幸せな家庭

Flower Data

分類	シソ科アキギリ属
別名	ヤクヨウサルビア（薬用サルビア）、ガーデンセージ、コモンセージ
開花期	初夏～夏
出回り期	ほぼ通年（苗）
花もち	3週間程度
流通	種子、苗

その他の誕生花

クチナシ、スカビオサ、ブーゲンビレア

Common sage

誕生花

セージ

紫やピンク、白色の唇形の素朴な花が茎に連なるようにして咲く姿が涼しげです。草全体にすっきりとした爽やかな芳香があり、葉に触れただけでも強い香りが漂います。生または乾燥させた葉はハーブティーや料理の香りづけに利用されます。白い綿毛に覆われ細かい凹凸のある葉はカラーリーフとして観賞され、園芸品種には斑入りの葉をもつものもあります。

花言葉
怠惰
のんびり気分
勲功

誕生花

マツバギク 松葉菊

ぷっくりとした多肉質の、松に似た針状
の葉が密集する株に、ツヤツヤと光沢の
ある花が爛漫と咲く姿は光り輝くよう。
おひさまが大好きなマツバギクは、曇り
の日や夜間には花を閉じてしまいます。
マツバギクは種類が多く、花色も豊富で
鉢植えや花壇の花としても人気。写真の
マツバギクはタイカンマツバギクで、濃
いピンクの花を咲かせる寒さに強い品種
です。

Fig marigold

Flower Data

分類	ハマミズナ科マツバギク属
別名	—
開花期	春〜夏、初夏〜秋（品種により異なる）
出回り期	3〜7月（苗）
花もち	5日程度
流通	苗

その他の誕生花
クレマチス、フェイジョア

堂々と自己主張ができる、迫力と存在感とを備えた人。感情の起伏が激しいタイプですが、内面にはピュアでナイーブなハートをもっています。

誕生花

キンギョソウ 金魚草

真っすぐ伸びた花穂にたくさん花を咲かせる様子がにぎやかで楽しげです。「金魚草」の名は、金魚のようにふっくらと愛らしい花の形から。花色が豊富なキンギョソウはどんな花にも合わせやすく、アレンジメントやブーケを華やかにしてくれます。草丈もさまざまあり、花壇植えの花としても人気。甘く爽やかな香りも魅力です。

花言葉
でしゃばり
清純な心

Snapdragon

Flower Data

分類	オオバコ科キンギョソウ属
別名	アンテリナム、スナップ
開花期	春
出回り期	通年
花もち	1週間程度
流通	種子、苗、切り花

その他の誕生花
イングリッシュラベンダー、
フロックス

[この日生まれの人]
いつまでも子どものような無邪気さを忘れない人。失敗もすぐに切り替えられるポジティブさの持ち主。凝り性で、粘り強い頑張り屋の一面も。

誕生花

ポピー

薄紙でつくられた細工のような、繊細な花びらをもつポピー。しやなかな茎はアレンジメントやブーケに、優しく柔らかい動きを添えてくれます。切り花として多く出回っているのは、「シベリアヒナゲシ」の別名があるアイスランドポピーや、「オニゲシ」の別名があるオリエンタルポピー。写真のオリエンタルポピーのほうが全体に大型で花も大きいのが特徴です。

花言葉

妄想
夢想家
慰め

Oriental poppy

Flower Data

分類	ケシ科ケシ属
別名	ケシ（芥子）
開花期	春
出回り期	12〜5月
花もち	4〜5日程度
流通	種子、苗、切り花

その他の誕生花
アグロステンマ、マツバギク

7 / Jul
4

[この日生まれの人]
安定志向で保守的な人。堅実に、慎重に人生を守っていきます。とはいえ愛する人々が窮地に立たされたら積極的でアグレッシブな姿に変身。

花言葉

明日への希望

Rugosa rose

誕生花

ハマナス 浜茄子

古くから海岸の砂地などに自生する原種のバラで、ノバラに似た紫紅色の5弁の花を咲かせます。白い花を咲かせるものもあります。原種のバラらしい、素朴な味わいと華やかな美しさを併せもつのが魅力です。花には良い香りがあり、花から採れた精油が香水の材料になります。また、この果実がローズヒップで、ハーブティーやジャムに用いられます。

Flower Data

分類	バラ科バラ属
別名	ハマナシ（浜梨）
開花期	初夏〜夏
出回り期	9〜12月（苗）
花もち	一日花（朝開いて夕方に閉じる）
流通	苗

その他の誕生花
カノコユリ、バラ、モクレン

[この日生まれの人]

いつも何かに夢中で、エネルギッシュに活動する人。物腰の柔らかさと社交性とで人を惹きつけます。誰に対しても親身になれる優しさも持ち味。

誕生花

イングリッシュラベンダー

リラックス効果のあるハーブとして知られるラベンダー。独特のフレッシュな香りが魅力。花茎に小さな粒のような花が集まってつき、灰緑色の葉と鮮やかな紫色の花のコントラストが美しく、アレンジメントやブーケを引き立て、香りと個性を添えてくれます。ドライフラワーにしても香りが長続きし、美しい紫の花色もほとんど変わりません。

English lavender

幸福

花言葉

Flower Data

分類	シソ科ラベンダー属
別名	コモンラベンダー
	真正ラベンダー
開花期	初夏～夏
出回り期	4～7月
花もち	4～5日程度
流通	種子、苗、鉢植え、切り花

その他の誕生花

ハマナス、ペンステモン

誕生花

ツユクサ 露草

「スズムシグサ」の別名のとおり、鈴虫が羽を広げたような花を咲かせます。明るく鮮やかな青色の花は、古くから染料として用いられました。『万葉集』には、早朝に花開くツユクサの、朝露に濡れるはかなげな風情に切ない恋の心を託した歌もあります。英名の「Dayflower」は、一日花を意味し、ツユクサの花が朝開いて午後にはしぼむことに由来します。

[この日生まれの人]
共感力と同情心に溢れた人。誰からも信頼され愛されるでしょう。堅実な努力を惜しまないのも長所。自分のペースで着々と歩みを進めるタイプ。

Asiatic dayflower

花言葉
恋の心変わり

Flower Data

分類	ツユクサ科ツユクサ属
別名	ツキクサ（着草・月草）、ボウシバナ（帽子花）、トンボグサ（蜻蛉草）、スズムシグサ（鈴虫草）
開花期	初夏〜秋
流通	—

その他の誕生花
トケイソウ、ヒマワリ

7/7 ^{Jul}

[この日生まれの人]

理性より感情で行動するタイプ。喜怒哀楽がはっきりとした素直な性格で、多くの友人に恵まれているはず。周囲に流されがちな傾向は要注意。

誕生花

アベリア

つやつやと光沢のある濃緑色の葉が密に茂った株に、うっすらとピンクがかった白い鐘形の花を咲かせます。花の色と赤紫色がかった大きな萼（がく）のコントラストが美しく、清々しい香りを漂わせて夏の訪れを知らせます。「ツクバネウツギ」の和名は、衝羽根（つくばね）（羽子板で衝く羽根）のような萼の形から。丈夫で育てやすいことから、よく沿道などに植えられます。

花言葉
強運
謙虚

Glossy abelia

Flower Data

分類	スイカズラ科ツクバネウツギ属
別名	ハナゾノツクバネウツギ(花園衝羽根空木)
開花期	初夏〜秋
出回り期	10〜12月（苗）
花もち	1週間程度
流通	苗

その他の誕生花
ギボウシ、クチナシ、スグリ

誕生花

カンパニュラ

「小さな鐘」を意味する名のとおり、鐘形の可愛らしい花を咲かせます。ホタルブクロの仲間で、花の形が似ています。切り花でよく流通しているのは、ピンクや紫、青紫、白などの大ぶりのベル形の花がたくさんつくタイプと、キキョウのような花が枝分かれした細い茎の先につくタイプ。どちらも涼しげで楚々とした風情があります。

[この日生まれの人]
情に厚く、困っている人を見捨てられない人。素朴さと純粋さで周囲の人を和ませるでしょう。小さなことに喜びを感じられる素直な心の持ち主。

花言葉
感謝
思いを告げる

Canterbury bells

Flower Data

分類	キキョウ科ホタルブクロ属
別名	フウリンソウ（風鈴草）、ツリガネソウ（釣鐘草）
開花期	夏
出回り期	12〜7月
花もち	5日〜1週間程度
流通	種子、苗、切り花

その他の誕生花
タチアオイ

7/ Jul
9

[この日生まれの人]
周囲にはクールに見せながら
も、心の中には揺れ動く感情
やロマンチックな想いを秘め
ているかも。模倣の才では右
に出る者がいないほど。

誕生花

セルリア

南アフリカ原産らしいエキゾチックな姿
が美しく、ブライダルの花としても人気
です。代表的な品種であるセルリア・ブ
ライドは、英国王室のウェディングブー
ケの花として用いられたことでも知られ
ます。外側の尖った花びらのように見え
るのは葉の一部で、小さな花が中心に集
まって咲きます。ドライフラワーにした
ときのナチュラルな雰囲気も魅力です。

Brushing-bride

花言葉
ほのかな思慕
可憐な心

Flower Data

分類	ヤマモガシ科セルリア属
別名	―
開花期	春〜初夏
出回り期	通年
花もち	5日〜1週間程度
流通	苗、切り花

その他の誕生花
ヘメロカリス、ボダイジュ

とても愛情深い人でしょう。そのうえ頭の回転も速く、優れた想像力と直感力とで人のために立ち働きます。気分が変わりやすい傾向も。

誕生花

モナルダ

茎の先に、2本の雄しべが長く突き出した唇形の小花が集まって咲きます。和名の「松明花」は、もともとの花の色が炎のような赤色であったことと、花の形が燃えさかる松明のように見えることから。葉や茎には、紅茶のアールグレイの香りづけに用いられる柑橘類のベルガモットオレンジに似た香りがあります。また、花はドライフラワーとしても楽しめます。

Flower Data

分類	シソ科ヤグルマハッカ属
別名	タイマツバナ（松明花）、ヤグルマハッカ（矢車薄荷）、ビーバーム、ホースミント
開花期	夏
出回り期	6〜9月
花もち	3〜4日程度
流通	苗、切り花

その他の誕生花
トルコキキョウ（ピンク）、ベルガモット

花言葉
燃える思い
安らぎ

Horsemint

[この日生まれの人]

深い洞察力と豊かな感受性の持ち主。他人の微妙な心の動きも的確にキャッチします。感覚的な好き嫌いを行動の基準にしがちなタイプかも。

花言葉

自由気まま

誕生花

クフェア

False heather

夏の暑さのなかでも人々の目を楽しませてくれるクフェア。光沢のある小さな葉が密集した枝に、愛らしい6弁の花をたくさん咲かせます。刈り込みに強く、生け垣に利用されることが多い花木ですが、寄せ植えにも人気。写真は主に流通しているクフェア・ヒソッピフォリア。オレンジ色の筒状の花を咲かせるクフェア・イグネアや大型の花を咲かせる品種も。

Flower Data

分類	ミソハギ科ハナヤナギ属
別名	メキシコハナヤナギ（メキシコ花柳）
開花期	初夏～秋
出回り期	3～9月（苗）
花もち	1か月程度
流通	苗

その他の誕生花

アスチルベ、カノコソウ、ミント、ルリタマアザミ

202

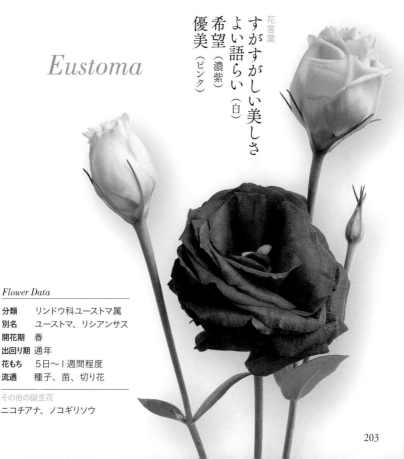

誕生花

トルコキキョウ 土耳古桔梗

通年で出回っていて、切り花として人気の高い花です。楚々とした一重咲きから華やかな八重のフリル咲き、豪華なバラ咲きまで、咲き方のバリエーションに加え、花色も豊富。アレンジメントやブーケをナチュラルにもゴージャスにも演出してくれるのが魅力です。花の形から「よい口」を意味するギリシャ語に由来する「ユーストマ」の別名があります。

[この日生まれの人]

直感力に優れ、創造性に溢れた人。豊かな感性ももちあわせています。普段は物静かですが、親しい人といるときだけは素の姿に戻れるかも。

Eustoma

花言葉

すがすがしい美しさ
よい語らい（白）
希望（濃紫）
優美（ピンク）

Flower Data

分類	リンドウ科ユーストマ属
別名	ユーストマ、リシアンサス
開花期	春
出回り期	通年
花もち	5日〜1週間程度
流通	種子、苗、切り花

その他の誕生花

ニコチアナ、ノコギリソウ

[この日生まれの人]

感性が豊かで、細やかな気配りの達人です。礼儀正しく、人に優しく接することができるタイプでしょう。苦手意識を克服するのは不得手かも。

誕生花

リョウブ 令法

夏から秋にかけて、白い小花を穂状にたくさん咲かせるリョウブは、サルスベリのようにところどころ樹皮がはがれた幹が特徴です。林などに自生して咲く姿を見かけることもあります。花には甘い香りがあり、さらに紅葉も美しいため、古くから庭木として植えられ、『万葉集』の歌にも詠まれました。園芸品種にはピンクの花を咲かせるものもあります。

Japanese clethra

花言葉

あふれる思い
くつろぎ

Flower Data

分類	リョウブ科リョウブ属
別名	ミヤマリョウブ(深山令法)、チャボリョウブ(矮鶏令法)、ハタツモリ(畑守)
開花期	夏～秋
出回り期	6～9月
花もち	5日～1週間程度
流通	苗、切り花

その他の誕生花

グラジオラス、ホタルブクロ、ホテイアオイ

204

7/14 Jul.

誕生花

ノウゼンカズラ 凌霄花

中国原産のつる植物で、ラッパ形の大きなオレンジ色の花が特徴です。夏じゅう元気いっぱいに花を咲かせる姿からは旺盛な生命力が感じられます。「凌霄」は空を凌ぐという意味で、つるが他の木などに絡まって高く伸びることに由来します。仲間には、花がやや小型のアメリカノウゼンカズラやピンクの花を咲かせるピンクノウゼンカズラなどがあります。

[この日生まれの人]

落ち着いた佇まいで人を惹きつけて離さない人。陰のリーダー的な存在になるかも。柔軟さも魅力で、新しい挑戦を好む冒険精神の持ち主でも。

Chinese trumpet vine

花言葉

名声／評判

Flower Data

分類	ノウゼンカズラ科ノウゼンカズラ属
別名	ノウゼン、ノショウ
開花期	夏
出回り期	7〜9月（苗）
花もち	5日〜1週間程度
流通	苗

その他の誕生花

アリウム・ギガンテウム、ナデシコ、ユリ（白）

205

[この日生まれの人]
愛情深く、人のためによく尽くす人。誠実な人柄で厚い信頼を集めています。人見知りの傾向があるものの、根は素直で、明るく朗らかです。

Flower Data

分類	キキョウ科イソトマ属
別名	ホシアザミ（星薊）
開花期	初夏〜秋
出回り期	3〜5月（苗）
花もち	2週間程度
流通	種子、苗

その他の誕生花
アゲラタム、ナデシコ

誕生花

イソトマ

まるで星を散りばめたかのように、株いっぱいに愛らしい星形の花を咲かせます。青紫色や白、ピンクの花色は涼しげで、夏の暑い盛りに爽やかな雰囲気を醸し出します。英名の「Laurentia（ローレンティア）」は古い属名ですが、この名で流通していることも。イソトマの名は、5つの花びらのサイズが同じことから、「等分」と「分割」を意味する言葉から成った造語によるとか。

Laurentia

花言葉
神聖なる思い出

誕生花

ニチニチソウ 日々草

乾燥に強く、夏の暑さをものともせず、元気いっぱいにつやつやとした肉厚の花を咲かせます。1つひとつの花の命は長くありませんが、毎日新しい花を次々と咲かせて長く楽しむことができ、花壇や寄せ植えに人気。大型の花を咲かせる品種も出回っています。仲間のツルニチニチソウ属の学名の「ビンカ」の名で流通することもあります。

Madagascar periwinkle

[この日生まれの人]
穏やかな癒し系で、周囲のアイドルのような存在。半面、理不尽なことには真正面から立ち向かい正面突破を試みる隠れ熱血タイプの一面も。

Flower Data

分類	キョウチクトウ科ニチニチソウ属
別名	ニチニチカ（日日花）
開花期	初夏〜秋
出回り期	4〜6月（苗）
花もち	3〜5日程度
流通	種子、苗

その他の誕生花
ジンジャー、ストック、ヒオウギ

花言葉
楽しい思い出

207

[この日生まれの人]

穏やかな雰囲気と、思いやり深い言動で周囲をホッとさせます。実はしっかり者で、強い正義感の持ち主。グループの要となる存在でしょう。

花言葉
傷つく心
鋭敏

誕生花

ルリタマアザミ 瑠璃玉薊

涼しげで上品な花色と小花が集まった丸い形が印象的です。和名も英名も花の形と色にちなんだものです。枝分かれした茎の先に花と一緒にフレッシュな緑色の蕾（つぼみ）がつくのも愛らしく、銀色がかって見える葉や茎も味わいがあります。花が終わった後も丸い形は残るため、長く楽しめるのも魅力。「エキノプス」の名で出回っていることもあります。

Flower Data

分類	キク科ヒゴタイ属
別名	エキノプス
開花期	夏
出回り期	5〜9月
花もち	5〜10日程度
流通	種子、苗、切り花

その他の誕生花
ヒルガオ

Small globe thistle

誕生花
バーベナ

サクラに似た可愛らしい花が茎の先に20
〜30個も集まって咲きます。花は外側か
ら咲いていき、日が経つにつれて見た目
が変化するのも楽しめます。花色には赤、
ピンク、紫、白などがあり、絞り模様が
入ったものも。古くからクマツヅラの仲
間には不思議な力があると信じられたこ
とから、花名にはラテン語で「宗教に用
いる枝」という意味があるといいます。

Verbena

[この日生まれの人]

お人好しで気さく、明るいタ
イプの個性的な人。どんな環
境にもすんなりと溶け込める
適応力も。ピュアな一面があ
るのも魅力のひとつです。

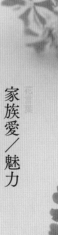

花言葉

家族愛／魅力

Flower Data

分類	クマツヅラ科ビジョザクラ属
別名	ビジョザクラ（美女桜）、ハナガサ（花笠）
開花期	初夏〜秋
出回り期	3〜6月（苗）
花もち	1週間程度
流通	種子、苗

その他の誕生花

モナルダ

Plains coreopsis

[この日生まれの人]
庶民的なムードで親しみやすい人。気取りがなく、どんな相手も温かく包み込むでしょう。曲がったことを嫌う正義感の強さも魅力のひとつです。

花言葉

上機嫌
夏の思い出
一目惚れ

誕生花

コレオプシス

紫褐色の花びらと中央の明るい黄色の部分のコントラストが美しい、コスモスのような花を咲かせます。3〜5cmほどもある大きな花は存在感抜群。花の中央が目のように見えることから「ジャノメギク」の別名もあります。暑い夏の盛りにも愛らしい花を咲かせ、寒さにも強いことから公園などの花壇に植えられることが多い花です。

Flower Data

分類	キク科ハルシャギク属（コレオプシス属）
別名	キンケイギク（金鶏菊）、ハルシャギク（波斯菊）、ジャノメギク（蛇目菊）
開花期	初夏〜秋
出回り期	3〜6月（苗）
花もち	5〜10日程度
流通	種子、苗

その他の誕生花
ガマ、ユリ（黄）

誕生花

トラノオ 虎の尾

しなやかに先端をたわませた花穂(かすい)に、小さな花がたくさんついて、下から咲いていきます。独特の姿に趣があり、アレンジメントやブーケに優しい動きと野の味わいを添えます。「トラノオ」の名は、花穂を虎の尾に見立てたことにちなみます。花色は瑠璃色（青紫色）を中心に、白、ピンクなどもあり、「ベロニカ」の名で流通することもあります。

[この日生まれの人]
表には出さないけれど感じやすい繊細な心の持ち主。直感力に恵まれ、スピリチュアルな世界を深掘りしていきます。度量の広さは天下一品。

花言葉
忠実／信頼
あなたに私の心を捧げます

Speedwell

Flower Data

分類	ゴマノハグサ科ベロニカ属
別名	ルリトラノオ(瑠璃虎の尾)、ベロニカ
開花期	夏
出回り期	6〜9月
花もち	5日〜1週間程度
流通	苗、切り花

その他の誕生花
テッポウユリ、フィソステギア

[この日生まれの人]
自分を律するため、外見は物
静か。けれど心の内にはさま
ざまな感情を秘めています。
冒険心と行動力とに恵まれ、
人生を力強く歩んでいくはず。

花言葉
聖なる愛

Flower Data

分類	トケイソウ科トケイソウ属
別名	ボロンカズラ（梵論葛）
開花期	夏
出回り期	6〜8月
花もち	1週間程度
流通	苗、切り花、切り枝

その他の誕生花
ネムノキ、フェンネル

Passion flower

誕生花
トケイソウ 時計草

時計の文字盤のように見える個性的な花
の形から名づけられました。「パッション
フラワー」の英名はゴルゴタの丘で十字
架にかけられたキリストの受難にちなみ
ます。果物のパッションフルーツは、同
じ仲間のクダモノトケイソウの果実です。
広げた手のような葉と、葉の根元にある
巻きひげも美しく、花のない時期も切り
枝がグリーン花材として出回ります。

誕生花

ユウゲショウ 夕化粧

儚げな佇まいが可憐な野の花です。もともと観賞用に栽培されていましたが、繁殖力が旺盛でたくましいことから、野生化しています。夕方から花開く淡い紅色の花が艶めかしく見えるとしてこの名がつけられましたが、花は実際には昼から咲いています。オシロイバナもユウゲショウとよばれることがあるため、「アカバナユウゲショウ」の別名があります。

花言葉
臆病

Rosy evening-primrose

Flower Data

分類	アカバナ科マツヨイグサ属
別名	アカバナユウゲショウ （赤花夕化粧）
開花期	初夏〜秋
流通	—

その他の誕生花
コレオプシス、ナデシコ、バーバスカム、ヤマユリ

Cypress vine

[この日生まれの人]

想像力が豊かで、果てしない夢を追いかけています。安定を好む一方、未知の世界にも心惹かれているはず。お人好しで、すぐに人を信じる面も。

花言葉
世話好き
いつも愛らしい

Flower Data

分類	ヒルガオ科サツマイモ属
別名	—
開花期	夏〜秋
花もち	2週間程度
流通	種子

その他の誕生花
ブーゲンビレア（ピンク）、
フランネルフラワー

誕生花

ルコウソウ 縷紅草

グリーンカーテンにも人気の熱帯アメリカ原産のルコウソウ。花名は"真紅の花を咲かせる糸のように細いつる草"の意味。レースのような繊細な葉に小さな星形の花が散りばめられたさまはデコレーションランプのよう。別の英名で「Star-glory（星の栄光）」とも。ルコウソウの仲間には、モミジルコウソウ、マルバルコウソウなどがあり、写真はモミジルコウソウです。

誕生花

シャクヤク 芍薬

「立てば芍薬坐れば牡丹、歩く姿は百合の花」と、たおやかな女性を表す言葉に用いられるシャクヤク。花の姿を表す「綽約（しゃくやく）（姿がしなやかで美しい）」という言葉に由来します。古くに薬用として中国から渡来しましたが、高貴で華やかな大輪の花が愛され、観賞用に栽培されました。園芸品種が多く、咲き方・花色もさまざまです。

Chinese peony

花言葉

誠実（赤）
幸せな結婚（白）
はにかみ（ピンク）
つつましさ

Flower Data

分類	ボタン科ボタン属
別名	エビスグサ（夷草）、ピオニー
開花期	春
出回り期	3〜7月
花もち	4日〜1週間程度
流通	苗、切り花

その他の誕生花
アサガオ、オオマツヨイグサ

[この日生まれの人]

陽気でハイテンション。はっきりした個性の持ち主。オリジナリティーのある言動で、ひときわ目立つ存在です。天真爛漫に人生を楽しむでしょう。

誕生花

ハイビスカス

世界に数多くの園芸品種がありますが、一般に流通しているハイビスカスのほとんどは、ハワイで作出されたハワイアン・ハイビスカス。リゾート感たっぷりの花は、見ているだけで楽しい気分になります。夏の強い日差しを跳ね返す鮮やかな花色と、長く突き出した雄しべと雌しべが特徴です。一般的な赤のほか、ピンク、黄色、ブルー系の花色もあります。

China rose

花言葉

繊細な美／新しい恋（赤）／輝き（黄）
勇敢（赤）
艶美（白）

Flower Data

分類	アオイ科フヨウ属
別名	ブッソウゲ（仏桑華）
開花期	初夏〜秋
出回り期	5〜10月
花もち	一日花（朝開いて夕方に閉じる）
流通	苗、鉢植え

その他の誕生花

サンタンカ、トリカブト、ヘリクリサム

誕生花

ヤマユリ　山百合

すらりと伸びた茎の先に、中央に黄金色のラインが入った大きな花を咲かせるヤマユリ。凛として優美な佇まいが愛されています。日本の固有種で、山地や林、草むらなどで野生のヤマユリを見ることもできます。香りの良い大輪の花を咲かせるため、園芸品種のユリの交配親にもなっています。百合根として食用にされるのはこのヤマユリの地下茎です。

花言葉

飾らぬ美
荘厳／威厳

Flower Data

分類	ユリ科ユリ属
別名	ヨシノユリ（吉野百合）、ホウライジユリ（鳳来寺百合）、エイザンユリ（叡山百合）
開花期	夏
出回り期	6〜8月
花もち	1週間〜10日程度
流通	球根、苗、切り花

その他の誕生花
カラー、グラジオラス、コレオプシス

Goldband lily

7/27 Jul

［この日生まれの人］
快活で情熱的な心の持ち主。
どんなときも笑顔で明るい雰
囲気を醸し出しています。バ
イタリティーと向上心とで新
しい風を巻き起こすでしょう。

誕生花

ビバーナムティヌス

ブルーベリーのような濃い紫色の実の美
しさが愛され、果実のついた枝が実もの
として秋に出回ります。実の色は熟すに
つれて茶色っぽい色から紫色、青へと変
化します。花は冬から春にかけて咲きます。
蕾のうちはピンク色ですが、開花した花
は白い色で、ほのかに甘い香りがあります。
常緑なので「トキワガマズミ」の別名が
あります。

Laurustinus

花言葉
茶目っ気
私を見て

Flower Data

分類	レンプクソウ科ガマズミ属
別名	トキワガマズミ（常磐莢蒾）
開花期	冬〜春
結実期	秋〜冬
出回り期	通年
日もち	1週間程度
流通	苗、切り枝（実つき）

その他の誕生花
スカシユリ、スノーボール、
マツバボタン

誕生花

ナデシコ 撫子

日本女性の代名詞としても使われる「ヤマトナデシコ」の別名があります。清楚で可憐な花姿が古くから愛され、恋しい女性の面影を宿す花として和歌にもよく詠まれました。英名になったピンクの花色が代表的ですが、白や黄色、緑、黒っぽい赤など花色は多彩。アレンジメントやブーケをキュートな印象にも、クラシカルな印象にも演出できるのも魅力です。

[この日生まれの人]

底抜けに明るく、パワフルな人。いつもワクワクしていたいという願望の持ち主です。魅力的なアイデアと巧みな話術で周囲を魅了するでしょう。

Pink

花言葉

才能 (白)
純粋で燃えるような愛 (赤)
純粋な愛 (ピンク)
無邪気／可憐／貞節

Flower Data

分類	ナデシコ科ナデシコ属
別名	カワラナデシコ(河原撫子)、ヤマトナデシコ(大和撫子)
開花期	夏～秋
出回り期	通年
花もち	5日～1週間程度
流通	種子、苗、切り花

その他の誕生花

サラサドウダン、シレネ、
ビスカリア

7/29

Jul

［この日生まれの人］

どんな場でも主役になれてしまう存在感の持ち主。人の心に強く共感できる鋭い感受性も。周囲に尽くすのに生き甲斐を感じられるタイプかも。

誕生花

ダリア

「花の女王」の異名にふさわしい、優雅で艶やかな花を咲かせるダリア。咲き方や花の大きさがさまざまで、アレンジメントやブーケの主役になれるのはもちろん、メインの花の引き立て役としても活躍します。日本へは江戸時代にオランダから渡来し、「天竺牡丹」とよばれて珍しがられました。盛んに栽培されるようになったのは明治になってからです。

Dahlia

花言葉
華麗
気品
移り気

Flower Data

分類	キク科テンジクボタン属
別名	テンジクボタン(天竺牡丹)
開花期	夏〜秋
出回り期	通年
花もち	2〜5日程度
流通	種子、球根、苗、切り花

その他の誕生花

ナスタチウム、ブーゲンビレア(白)、モルセラ

誕生花

ベロペロネ

雄しべの形状にちなんで、「矢」と「留め金」を意味するギリシャ語に由来する名があります。別名の「コエビソウ（小海老草）」は、海老のような形と色の苞が重なり合った風変わりでユニークな姿から。時が経つにつれて明るい緑色から赤褐色に変化するのも魅力です。花は苞に覆われていて目立ちませんが、紫色の斑点のある白い唇形の花が咲きます。

［この日生まれの人］
明るく大胆で、自分に絶対の自信をもっています。それはたゆまぬ努力によって培われたもの。人には見せない苦労を自分から買う人なのです。

花言葉
機知に富む
可憐な人

Flower Data

分類	キツネノマゴ科コエビソウ属
別名	コエビソウ（小海老草）
開花期	初夏～秋
出回り期	通年
花もち	5日程度
流通	苗、切り花

その他の誕生花
エリンジウム、スカビオサ、トルコキキョウ

Shrimp plant

[この日生まれの人]
いつも穏やかな笑みを絶やさず、ほんわかした明るさをもつ人。協調性に富み、人と喜びを分かち合うのが大好き。サポート役として大活躍。

誕生花

アラゲハンゴンソウ

粗毛反魂草

ヒマワリをコンパクトにしたような、明るく開放的な雰囲気のアラゲハンゴンソウ。「ルドベキア・ヒルタ」の名でも出回っています。和名は、草全体に粗い剛毛が生えることに由来します。品種が多く、花の大きさも小ぶりなものから10cmもの大きさのものまでさまざま。花の中心がフレッシュな緑色の「アイリッシュアイズ」という品種も切り花でよく出回ります。

花言葉
あなたを見つめる
正義／公正

Black-eyed Susan

Flower Data

分類	キク科オオハンゴウソウ属
別名	キヌガサギク（衣笠菊）、マツカサギク（松毬菊、松傘菊、松笠菊）、ルドベキア・ヒルタ
開花期	初夏〜秋
出回り期	3〜5月
花もち	5日〜1週間程度
流通	苗、切り花

その他の誕生花
フクシア、ルリタマアザミ

花や植物をあしらった文様

縁起物の花や植物を文様化することで、そのパワーにあやかれると
考えられてきました。身につけて、四季の風情を味わうこともできます。

秋草文 [あきくさもん]

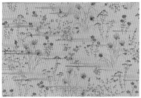

秋の七草（ハギ・ススキ・クズ・ナデシ
コ・オミナエシ・フジバカマ・キキョウ）
の文様は、着物の場合、季節を先取りす
るために夏物に多く用いられます。

松竹梅 [しょうちくばい]

草花を輪状に描く花丸文(はなまるもん)
という形式で、縁起物の松・竹・梅を描
いた吉祥文様です。

牡丹に鳳凰 [ぼたんにほうおう]

富貴を象徴する牡丹と古代中国の想像
上のめでたい鳥・鳳凰を組み合わせた吉
祥文様です。

雲錦 [うんきん]

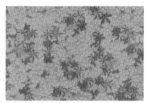

満開のサクラと紅葉したカエデ（モミジ）
をあしらったもので、サクラを雲にモミ
ジを錦に見立てることからこの名があり
ます。

花車 [はなぐるま]

車と四季の花を組み合わせた文様で、写
真のように車の輪に花をあしらったもの、
御所車(ごしょぐるま)に花を飾ったもの
などバリエーションがあります。

画像出典：国立国会図書館「NDLイメージバンク」(https://rnavi.ndl.go.jp/imagebank/)

8/ Aug. 1

[この日生まれの人]
子どものようにピュアな人。直感で物事を判断し、ほめられれば疑いをもたず素直に喜びます。周囲からの引き立てで明るい人生を送ることに。

誕生花

オシロイバナ 白粉花

花びらのように見えるのは萼で、細長い筒の先に開いて、爽やかな香りを漂わせます。花色には紫紅色、オレンジ、黄色、白などがあり、同じ株に異なる色の花を咲かせることも。黒く熟した果実を割ると化粧の「おしろい」のような白い粉が出ることから名づけられました。夕方に花開いて翌朝にはしぼむため、「フォー・オクロック・フラワー」の英名が。

Four o'clock flower

花言葉
臆病／内気
私は恋を疑う

Flower Data

分類	オシロイバナ科オシロイバナ属
別名	オシロイソウ（白粉草）
開花期	初夏〜秋
出回り期	3〜6月（苗）
花もち	1〜2日程度
流通	種子、苗

その他の誕生花
アルストロメリア

誕生花

アキレア

健胃や解熱、強壮など、さまざまな薬効をもつとされるハーブ「ヤロウ」としても知られ、中世ヨーロッパでは悪魔を退ける力があるとされました。小さな花が集まって咲く姿が愛らしく、アレンジメントやブーケにナチュラルで優しい雰囲気を添えます。原種の花色は白とピンクですが、園芸品種では紅色や黄色のものも。ドライフラワーとしても楽しめます。

Yarrow

[この日生まれの人]
自分の立てた目標に向かって黙々と努力を続ける人。心の中には秘かに野心を燃やしています。人生の荒波も自分の力で乗り越えていくでしょう。

花言葉
治療
いたわり

Flower Data

分類	キク科ノコギリソウ属
別名	セイヨウノコギリソウ（西洋鋸草）
開花期	夏
出回り期	5〜6月
花もち	1週間程度
流通	種子、苗、切り花

その他の誕生花
ハマユウ、マツバボタン

225

[この日生まれの人]

いつも静かな笑顔を絶やさない人。穏やかで思いやりのあるところが魅力です。人の相談役となることが多く、厚い信頼を寄せられています。

誕生花

キンセンカ（黄）金盞花

10cmほどもある輝くような黄色い花が魅力です。ボリューム感のある葉とともに、見る人にエネルギッシュで生き生きとした印象を与えます。一般にキンセンカとよばれるのは南ヨーロッパ原産のトウキンセンカ。ギリシャ神話にも登場し、古くから染料や薬用のハーブとして利用されました。「カレンデュラ」は属名で、暦を意味するラテン語に由来します。

Pot marigold

花言葉

別れの悲しみ

Flower Data

分類	キク科キンセンカ属
別名	チョウシュンカ（長春花）、カレンデュラ、ポットマリーゴールド
開花期	春～初夏
出回り期	10～5月
花もち	3日～1週間程度
流通	種子、苗、鉢植え、切り花

この日生まれの花

キョウチクトウ、ヒナゲシ

花言葉

完璧／完全

誕生花

Pineapple lily

パイナップルリリー

太い茎の周りに星形の小さな花が集まって咲き、茎の先に苞葉とよばれる葉が茂ります。この姿がパイナップルに似ていることが名前の由来。個性的な花姿は、夏の花やグリーンを用いた南国風のアレンジメントやブーケにぴったり。花色にはクリーム色、白、緑、紫、ピンクなども。生花店などでは「ユーコミス」の別名で出回っていることもあります。

Flower Data

分類	ヒヤシンス科ユーコミス属
別名	ホシオモト（星万年青）、ユーコミス
開花期	夏
出回り期	6～9月
花もち	5日～1週間程度
流通	球根、苗、切り花

その他の誕生花
オイランソウ、メコノプシス、ユーチャリス

[この日生まれの人]

曲がったことが大嫌いな正義感に溢れる人。明るい性格なので派手に見えますが、堅実で安定志向です。陽気さと真面目さを併せもっています。

誕生花

サルスベリ 百日紅

すべすべの白っぽい幹が特徴で、猿も滑って登れないという意味で「サルスベリ」と名づけられました。紅色やピンクの花びらにくしゅくしゅと細かいフリルが入った花が房状に集まって咲く姿は華やか。しなやかな枝が風に揺れる様子は清涼感があり、夏を代表する花木のひとつです。「百日紅」の別名は、花が次々と咲いて花期が長いことに由来します。

花言葉

愛嬌／雄弁

Crape myrtle

Flower Data

分類	ミソハギ科サルスベリ属
別名	クスグリノキ（擽木）、ヒャクジツコウ（百日紅）
開花期	夏〜秋
出回り期	4〜5月、9〜12月（苗）
花もち	3〜4日程度
流通	苗

その他の誕生花

オシロイバナ、ジャノメエリカ、ヒマワリ

誕生花

アサガオ 朝顔

古い時代に中国から薬草としてもたらされたアサガオ。江戸時代に観賞用として鉢植え栽培がブームになり、品種改良が盛んに行われました。花の大きな大輪アサガオを中心に、花びらの縁が白いものや花の中心に向かって白いラインが入るものなど、咲き方も花色も豊富です。朝顔市などで売られる行灯仕立ての鉢植えも風情があって良いものです。

[この日生まれの人]

派手好き、目立つこと好き。人目を惹く強いオーラを放ちます。その実、成功するまで決して諦めない大変な努力家。責任感の強さも持ち味です。

花言葉
固い絆
はかない恋
短い恋（青）
満ち足りた気分（ピンク）
冷静（紫）

Japanese morning glory

Flower Data

分類	ヒルガオ科サツマイモ属
別名	ケンギュウカ（牽牛花）
開花期	夏〜秋
出回り期	5〜8月
花もち	1日程度
流通	種子、苗、鉢植え

その他の誕生花
ニーレンベルギア、モルセラ

[この日生まれの人]
真っ正直で飾り気のない人。他人を気遣う慈愛の心にも満ちています。それでいて本当は注目されるのが大好き。そのためによく努力をします。

誕生花

ヒマワリ 向日葵

古代インカ帝国では太陽神のシンボルとして崇められたヒマワリ。明るいビタミンカラーの花は、見ているだけで元気をもらえます。「向日葵」の名のとおり、太陽の方を向いて咲くとされますが、太陽を追うのは蕾の間だけ。開花後は東を向いたまま動かなくなります。生花店では4月から出回り始め、6月の父の日の花として贈られることも多い花です。

花言葉

私はあなただけを見つめる
憧れ
偽りの愛（大輪）
高貴（小輪）

Sunflower

Flower Data

分類	キク科ヒマワリ属
別名	ヒュウガアオイ（日向葵）、ニチリンソウ（日輪草）
開花期	夏
出回り期	4〜8月
花もち	5日程度
流通	種子、苗、切り花

その他の誕生花
アンスリューム（赤）、カルミヤ

Flower Data

分類	スイレン科スイレン属
別名	—
開花期	初夏～秋
出回り期	5～9月
花もち	3日程度
流通	苗

その他の誕生花
コウホネ

[この日生まれの人]
明るく華やかな雰囲気と、嘘が大嫌いな真っ正直な性格とで周囲の信頼を集めています。冷静に考え、根回しもできる思慮深さも兼ね備えたタイプ。

Water lily

花言葉
清純な心
信頼／信仰

誕生花
スイレン 睡蓮

印象派を代表するフランスの画家クロード・モネが描き続けたモチーフとしても知られます。水面に浮いた葉の上に咲く大輪の花は美しく、幻想的。朝に花開いて夕方には閉じる様子が眠るようだとして「睡蓮」の名があります。観賞用に品種改良された種が多くあり、花色も多彩。水鉢に水草やメダカなどとともにスイレンを咲かせるビオトープも人気です。

花言葉
秘められた思い
情熱

[この日生まれの人]
どっしりと構えた大物といっ
た雰囲気の人。一流好みで、
高い能力をもっています。そ
の反面、意外とロマンチスト
で涙もろいところもありそう。

誕生花
ブーゲンビレア

南国らしいトロピカルカラーの独特の形
の花が美しく、華やかで、贈り物の鉢花
としても人気です。花びらのように見え
るのは実は葉が変化した苞という部分。
色は多彩で、グラデーションが入るものも。
18世紀に南米大陸でこの花を発見した植
物学者のコメルソンが、乗船していた船
の艦長・ブーゲンヴィユに敬意を表して、
この名をつけました。

Bougainvillea

Flower Data

分類	オシロイバナ科イカダカズラ属
別名	イカダカズラ（筏葛）、ブーゲンビリア
開花期	初夏、秋
出回り期	4〜8月、10〜11月（苗）
花もち	2週間程度
流通	苗、鉢植え

その他の誕生花
アルストロメリア、パンパスグラス

誕生花

グロリオサ

反り返って波打つ花びらがゴージャス。花名は「見事な」を意味するラテン語に由来します。南国原産のエキゾチックな姿が魅力的な花です。細い茎の上部が枝分かれし、1本の茎に数個の花を咲かせます。葉の先に巻きひげがあるのが特徴。この巻きひげを絡ませてつるを伸ばす習性があるため「よじ登るユリ」を意味する英名がつきました。

[この日生まれの人]

華やかで落ち着いた大人っぽい雰囲気の持ち主。自分が正しいと思ったことは何があってもやり抜くでしょう。心の中に熱い闘志を秘めています。

花言葉

栄光／勇敢

Climbing lily

Flower Data

分類	イヌサフラン科キツネユリ属（グロリオサ属）
別名	キツネユリ（狐百合）、ユリグルマ（百合車）
開花期	夏
出回り期	通年
花もち	1週間程度
流通	球根、苗、切り花

その他の誕生花
ブルーサルビア、ルコウソウ

[この日生まれの人]

天真爛漫で陽気な人。周囲を楽しませようとするサービス精神も旺盛です。裏表がなく、どんな相手や物事でも受け入れる寛大さが持ち味でしょう。

誕生花

ハクチョウゲ 白丁花

白い、丁子に似た花が咲くことからこの名がつけられたハクチョウゲですが、白地にごく淡い紅色の筋が入ったものや全体に淡紅色がかったものもあります。漏斗状の先が5弁に分かれた可愛らしい花は、縁にごく細かいフリルが入っており、可憐で繊細な印象です。花には二重咲きや八重咲きもあり、写真のように斑入りの葉をもつ品種もあります。

花言葉 純愛

Flower Data

分類	アカネ科ハクチョウゲ属
別名	—
開花期	初夏～夏
出回り期	10～12月（苗）
花もち	2週間程度
流通	苗、鉢植え

その他の誕生花

ゼラニウム（ピンク）、ユリ

Snowbush

誕生花

キバナコスモス 黄花秋桜

コスモスに似た黄色い花を咲かせることからこの名があります。花言葉のとおり、優しげで繊細な印象を与えるコスモスに比べて、花姿にはどこかワイルドな雰囲気があります。夏の暑い盛りから晩秋までと花期が長く、繁殖力も旺盛なため、夏の花壇にも人気です。花色には黄色のほかにオレンジもあり、しなやかな茎がアレンジメントやブーケに動きを添えます。

Yellow cosmos

花言葉
野生美

Flower Data

分類	キク科コスモス属
別名	キバナアキザクラ（黄花秋桜）
開花期	夏〜秋
出回り期	7〜10月
花もち	5〜10日程度
流通	種子、苗、切り花

その他の誕生花
ホオズキ

8/13 Aug.

【この日生まれの人】
燃えるような熱い情熱の人。願いを叶えるために大胆に行動します。その真っすぐな想いで、不可能と思えることさえ実現していくことでしょう。

Flower Data

分類	ラン科サギソウ属
別名	—
開花期	夏
出回り期	1〜3月（苗、球根）
花もち	5日程度
流通	苗、球根

その他の誕生花
アカンサス、ソリダゴ、トラノオ

White egret flower

誕生花

サギソウ 鷺草

まるで白鷺が飛び立つような姿が幻想的でロマンチックなランです。日当たりの良い湿地を好み、かつては北海道から九州まで広く各地に自生していましたが、その数を年々減らし、現在では貴重な山野草になっています。切り花としては流通しておらず、山野草を扱うショップなどで苗や球根を購入します。園芸品種として斑入りの葉のものがあります。

花言葉
潔白／無垢

[この日生まれの人]
視野が広く、些細なことでは動じない人。物静かにどっしりと構え、大物という印象をもたれますが、決してうぬぼれない堅実なタイプです。

誕生花

ホオズキ 酸漿・鬼灯・鬼燈

ふっくらと膨らんだ赤橙色の萼が提灯のように茎に連なった姿には、なんともいえない愛嬌があります。夏、淡いクリーム色の素朴な花を咲かせ、花が終わると、実を包み込むように萼が袋状に大きくなって、色づいていきます。実や根が古くから薬用に用いられました。シックな黒紫色の萼をもつクロホオズキも、実つきの切り枝として出回ります。

Chinese lantern plant

花言葉

ごまかし
偽り
私を誘って

Flower Data

分類	ナス科センナリホオズキ属
別名	タンバホオズキ（丹波酸漿、丹波鬼灯、丹波鬼燈）
開花期	夏〜晩夏
結実期	晩夏〜初秋
日もち	2週間程度
流通	種子、苗、鉢植え、切り枝（実つき）

その他の誕生花
コモンマロウ、センニチコウ、リキュウソウ

Sacred lotus

誕生花

ハス 蓮

泥の中に根を下ろし、水面に茎を伸ばして美しい花を咲かせるハス。花の観賞用に品種改良されたハナバスには、さまざまな花の色、大きさのものが。切り花としては、小型の花の品種が流通します。花もちが短いため、切り花は蕾の状態で出回り、アレンジメントなどにも蕾を用いるのが一般的です。秋には実つきの切り枝がグリーン花材として出回ります。

花言葉

神聖／再生

Flower Data

分類	ハス科ハス属
別名	ハチス（蜂巣）
開花期	夏〜秋
出回り期	7〜9月（蕾）
花もち	1〜2日程度
流通	苗、切り花、切り枝（実つき）

その他の誕生花
エリンジウム、ヒマワリ、ピンクッション、フレンチマリーゴールド

誕生花

オミナエシ 女郎花

黄色い小花が集まって咲く姿が、見る人に華奢で可憐な印象を与えます。秋の七草のひとつとして古くから親しまれてきました。もともと「女郎」は高貴な女性を指す言葉。『万葉集』では、オミナエシを美しい女性に喩え、「佳人部為」などの字を宛てて歌に詠んでいます。和洋どちらのアレンジメントにも合わせやすく、ナチュラルで優しい雰囲気にしてくれます。

Scabious patrinia

花言葉
美人
はかない恋

Flower Data

分類	スイカズラ科オミナエシ属
別名	アワバナ（粟花）、ハイショウ（敗醤）、チメグサ（血目草）
開花期	夏〜秋
出回り期	7〜10月
花もち	5日〜1週間程度
流通	種子、苗、切り花

その他の誕生花
トリトマ、ペチュニア

8/17 Aug.

[この日生まれの人]
クールで頭の回転が速く、完璧主義な人。感情をほとんど表に出さないでしょう。でも、いざというときには誰よりも熱くなる情熱の持ち主かも。

誕生花

ネムノキ 合歓木

淡紅色の長い雄しべが多数あるブラシのような花をもつネムノキ。梢に集まって咲く姿が美しく、印象的な花木です。花にはほんのりと甘い香りがあります。夕方、眠るように葉を閉じることからこの名がつきました。葉をぴったり合わせる様子は愛し合う男女にたとえられることが多く、『万葉集』には「昼は咲き夜は恋ひ寝る合歓木の花…（以下略）」の歌があります。

花言葉
歓喜
胸のときめき

Silk tree

Flower Data

分類	マメ科ネムノキ属
別名	—
開花期	夏
出回り期	9〜12月（苗）
花もち	5日〜1週間程度
流通	苗、鉢植え

その他の誕生花
オオケタデ、ダリア、モナルダ

誕生花

コリウス

シソによく似た、縁がギザギザの色鮮やかな葉が美しいコリウス。花を飾るように葉を観賞する植物です。葉の美しさから、「金襴紫蘇」「錦紫蘇」の別名があります。葉の色や模様が多彩で、色の異なるコリウスだけの寄植えやアレンジメントも個性的で素敵。花が咲くと葉の色があせてしまうため、通常は花芽のうちに切り取って咲かないようにします。

[この日生まれの人]

陽気で人懐っこく、人と楽しく過ごすのが大好きです。心の中にはどんな困難も乗り越えられる不屈のパワーと熱い情熱を秘めています。

花言葉
かなわぬ恋

Flower Data

分類	シソ科サヤバナ属
別名	キンランジソ（金襴紫蘇）、ニシキジソ（錦紫蘇）

葉の鑑賞時期 初夏～秋
出回り期 5～10月（苗）
流通 種子、苗

その他の誕生花

クコ、トルコキキョウ、
ブルーファンフラワー

Coleus

241

Flannel flower

[この日生まれの人]
周囲の人を和ませる柔らかな
雰囲気の持ち主。明るくて陽
気、開放的な性格のようで、
その内面は繊細。傷つき、悩
むことも多いかもしれません。

花言葉

高潔／誠実
いつも愛して

誕生花

フランネルフラワー

全体に白い毛が生え、柔らかい質感と見
た目をもちます。冬物のシャツやパジャ
マなどに用いられるネルやフラノともよ
ばれる柔らかい起毛の毛織物フランネル
に似ていることから名づけられました。
ソフトで優しい雰囲気が魅力で、ブライ
ダルの花としても人気です。オーストラ
リア原産で、輸入ものとともに、日本で
品種改良されたものも流通しています。

Flower Data

分類	セリ科アクティノータス属
別名	フランネルソウ、アクチノタス
開花期	春、秋
出回り期	9〜1月
花もち	1週間程度
流通	苗、鉢植え、切り花

その他の誕生花
ノウゼンカズラ、ノラナ

誕生花

マリーゴールド (濃黄)

主に出回っているのは草丈が低く小ぶり
の花をたくさん咲かせるフレンチ・マリ
ーゴールドと、草丈が高く花が大きいア
フリカン・マリーゴールドです。ビビッ
ドな黄色い花は、合わせる花やグリーン
によって、カジュアルで元気な雰囲気にも、
甘くエレガントな雰囲気にもなるのが魅力。
柑橘系の香りや甘い香りが特徴の品種も
あります。

Marigold

Flower Data

分類	キク科タゲテス属（マンジュギク属）
別名	アフリカ系…センジュギク（千寿菊）、フレンチ系…コウオウソウ（紅黄草）
開花期	春～秋
出回り期	通年
花もち	5～10日程度
流通	種子、苗、切り花

その他の誕生花

キョウチクトウ、セイヨウアサガオ、
フリージア

花言葉
可憐な愛情
勇者／健康

[この日生まれの人]
いつも何かに情熱を注ぎ、エネルギッシュに動き回る人。特に人との関わりに力を尽くすでしょう。自己主張を我慢する忍耐力もあり。

誕生花

マツバボタン 松葉牡丹

マツのように細い針状の葉が茂った株に、ポップでカラフルな色の花をたくさん咲かせます。南米原産で、夏の暑さが大好き。乾燥した土壌を好むことから「ヒデリソウ（日照草）」の別名も。一つひとつの花もちは長くありませんが、途切れることなく次々と花が咲いて、楽しませてくれる愛らしい花です。一重咲きのほか、八重咲き、万重咲きもあります。

Rose moss

花言葉
無邪気／可憐
忍耐／温和

Flower Data

分類	スベリヒユ科スベリヒユ属
別名	ツメキリソウ（爪切草）、ヒデリソウ（日照草）
開花期	夏〜秋
出回り期	5〜8月（苗）
花もち	2〜3日程度
流通	種子、苗

その他の誕生花
サボテン、トケイソウ、ブロワリア

誕生花

ハナウリクサ 花瓜草

花がスミレに似て、春から秋まで夏の暑い期間も株いっぱいにたくさん花をつけて元気に咲くことから「ナツスミレ」の別名があります。口を開けて笑っているようにも、楽しそうに歌っているようにも見える愛らしい姿が魅力。青、紫、白、ピンク、黄色と、花色も豊富です。園芸店などでは学名のトレニアの名で流通していることが多いようです。

[この日生まれの人]
内面に大きなエネルギーと知性とを秘めた人。不言実行で道を切り拓いてきます。その姿に周囲は惹きつけられるはず。頼りがいのある人です。

花言葉
魅力的なあなた

Bluewings

Flower Data

分類	アゼナ科（アゼトウガラシ科）ハナウリクサ属
別名	ナツスミレ（夏菫）、トレニア、トレニア・フルニエリ
開花期	春〜秋
出回り期	4〜7月（苗）
花もち	3〜5日程度
流通	種子、苗

その他の誕生花
クルクマ、ヒマワリ

8/23

Aug.

[この日生まれの人]
安定感があり、周囲に振り回
されず自分のペースで堂々と
生きている人。明るく社交的
な印象ですが、内面はシャイ
で神経質な傾向があるかも。

誕生花

モルセラ

「貝殻サルビア」の別名は、茎の周りに
貝殻が集まってついたように見えること
から。貝殻のように見えるのは萼で、夏、
萼の中央に爽やかな香りをもった小さな
白い花が咲きます。花期には花が咲いた
ものが出回り、それ以外の時期は葉を除
いた萼だけの切り枝が出回ります。鮮や
かなグリーンのラインが、アレンジメン
トやブーケを清々しく見せてくれます。

Bells of Ireland

花言葉
感謝／希望

Flower Data

分類	シソ科モルッケラ属
別名	カイガラサルビア（貝殻サルビア）
開花期	夏
出回り期	4〜12月
花もち	5日〜1週間程度
流通	種子、切り花、切り枝

その他の誕生花
ワレモコウ

246

誕生花

モントブレチア

19世紀にフランスで交配によって作り出された園芸品種で、日本には明治時代に持ちこまれました。フリージアのような姿の赤やオレンジ色の花をたくさん咲かせます。トリトニア、クロコスミアの名で流通していることも。クロコスミアはギリシャ語で「サフランの香り」を意味し、乾燥した花を湯に浸すとサフランに似た香りがすることにちなみます。

Montbretia

[この日生まれの人]

律儀で几帳面。いつも沈着冷静で判断力にも優れた人です。控えめな性格なので、陰の実力者として活躍。事務処理能力の高さもピカイチです。

花言葉

謙譲の美

Flower Data

分類	アヤメ科ヒオウギズイセン属
別名	ヒメヒオウギズイセン（姫檜扇水仙）、トリトニア、クロコスミア
開花期	夏
出回り期	6〜8月
花もち	5日程度
流通	苗、切り花

その他の誕生花

キンセンカ、ケイトウ、トロロアオイ

[この日生まれの人]
真面目で知的好奇心が旺盛な
学究肌の人。優れた観察眼と
分析力で何事もきちんと理解
していきます。妥協を嫌い、
自分にとことん厳しいタイプ。

誕生花

ヒオウギ 檜扇

濃い色の斑点のある橙色の花は和の情緒
たっぷり。優しげななかにも野性的な味
わいが。葉の姿が平安時代の絵巻などに
見られる、ヒノキの薄い板を絹糸で綴じ
た「檜扇」に似ていることがこの名の由来。
黒い種子も「ヌバタマ」とよばれて古く
から愛され、髪、夜などの枕詞として和
歌によく詠まれました。ヌバタマとなる
前の果実の姿にも味わいがあります。

Blackberry lily

花言葉

誠実／個性美

Flower Data

分類	アヤメ科アヤメ属
別名	カラスオウギ（烏扇）
開花期	夏
出回り期	6〜9月
花もち	一日花（日中に咲き夕方閉じる）
流通	種子、苗、切り花、切り枝（実、種子つき）

その他の誕生花
アンスリューム、ハイビスカス、
ヒマワリ（イタリアンホワイト）

[この日生まれの人]
物静かでクールな人で、喜怒哀楽をあまり表に出しません。正確さを重視し、清らかに正しく生きていくことが大切だと考えるタイプでしょう。

花言葉

控えめ
協力を得る
君にまた会いたい

Euphorbia

Flower Data

分類	トウダイグサ科トウダイグサ属（ユーフォルビア属）
別名	―
開花期	冬（ユーフォルビア・フルゲンス）
出回り期	6～1月
花もち	5～10日程度
流通	苗、切り花

その他の誕生花
バンダ、センニチコウ、ベニバナ

誕生花

ユーフォルビア

種類が多いユーフォルビア。花の咲き方や花期などもさまざまです。写真はユーフォルビア・フルゲンスという品種で、鮮やかな朱赤色の苞が特徴です。フレッシュな緑の苞が魅力のユーフォルビア・コロライデスも切り花としてよく出回ります。花名の由来は、紀元前にこの植物が強力な下剤・便秘薬となることを発見したギリシャ人医師エウポルボスの名から。

[この日生まれの人]

やるべきことを最後まできちんと成し遂げる責任感の持ち主。物事を丁寧に、きめ細かく進めていくので、周囲からの信頼度も抜群でしょう。

誕生花

ヒペリカム

夏に長い雄しべが目立つ黄色い5弁の花を咲かせるヒペリカムですが、生花店に出回るのは存在感抜群の実の方。原種の実の色は熟すにつれ、緑色から黄色、赤へと変化します。実の根元の大きな萼も愛らしさを添えます。園芸種は実の色も多彩で、アレンジメントやブーケのアクセントにうってつけ。秋の紅葉も枝ものとして出回ります。

花言葉
きらめき
悲しみは続かない

Tutsan

Flower Data

分類	オトギリソウ科オトギリソウ属
別名	コボウズオトギリ（小坊主弟切）
結実期	秋
出回り期	通年
日もち	3〜5日程度
流通	苗、切り枝（実つき）

その他の誕生花
ザクロ、タイム

Flower Data

分類	スグリ科スグリ属
別名	セイヨウスグリ（西洋酸塊）、フサスグリ（房酸塊）
結実期	夏
出回り期	5〜8月
日もち	1週間〜10日程度
流通	苗、切り枝（実つき）

その他の誕生花
エリンジウム、クロユリ、
ゲッカビジン

Currant

花言葉
私はあなたを喜ばせる

誕生花
スグリ 酸塊

春に葉のつけ根から茎を伸ばして黄緑色の花を咲かせますが、スグリの花は小さく、ほとんど目立ちません。透明感のある実が美しく、1本の枝に緑色の未熟な実から完熟した赤い実までが混在するのでアレンジメントの素敵なアクセントになります。一般に生花店で出回るのはアカスグリの実です。フサスグリの名で出回っていることもあります。

[この日生まれの人]
理想を実現するための強い意思と、潔癖な完全主義とを併せもった人。批判力も旺盛で、大胆な行動をして、周囲の注目を集めるでしょう。

花言葉
秘めた思い

Blue potato bush

誕生花

ソラナム

初夏から秋にかけて、2〜3cmほどの青紫色の花を株いっぱいに次々と咲かせます。花の色と鮮やかな緑の葉のコントラストが爽やかで美しい花木です。ソラナムは旧学名で、「鎮静」や「鎮痛」を意味するラテン語に由来するとも。園芸店などでは「ソラナム・ラントネッティ」の名で出回ることも。実ものとして出回るソラナムはナス属の植物です。

Flower Data

分類	ナス科メジロホオズキ属
別名	シホウカ（紫宝華）、ナスノキ（茄子木）、ハナナス（花茄子）
開花期	初夏〜秋
出回り期	6〜9月（鉢もの）
花もち	5〜10日程度
流通	苗、鉢植え

その他の誕生花
キンセンカ、クローバー

誕生花

クルクマ

黄色を意味するアラビア語に由来する名をもつクルクマ。花を観賞するもののほか、カレーのスパイスであるターメリック（ウコン）のように食用や薬用として利用されるものもあります。茎の先に花びらのように苞が重なった姿が美しく、エキゾチック。苞の色には爽やかな緑や白、清涼感のある白と緑のグラデーションに縁取られたピンクなどがあります。

Hidden lily

[この日生まれの人]

控えめで穏やかな人。決して出しゃばらず、周囲と足並みを揃えます。感情のブレが少なく、安定していて、堅実で誠実な生き方をするタイプ。

花言葉
忍耐

Flower Data

分類	ショウガ科ウコン属（クルクマ属）
別名	ウコン（鬱金）、ハルウコン（春鬱金）
開花期	夏～秋
出回り期	5～10月
花もち	1週間程度
流通	球根、苗、鉢植え、切り花

その他の誕生花
コットンツリー、ツキミソウ

8/31 Aug.

[この日生まれの人]
温和な人柄と人当たりの良さが持ち味。礼儀正しい態度や責任感の強さで周囲に一目置かれます。真面目さや聡明さが魅力的なタイプでしょう。

誕生花

ハツユキソウ 初雪草

その名のとおり、うっすらと初雪が降り積もったような美しい葉がロマンチックです。花が咲く頃、茎の上の方の葉の縁に白い斑が入ります。花は小さく、花びらはありません。茎の先に壺状の苞があり、その中に雄しべと雌しべがつきます。大輪の白い花のようにも見えるハツユキソウ。アレンジメントやブーケに清涼感とソフトな雰囲気をプラスしてくれます。

Snow on the mountain

花言葉
祝福
穏やかな生活

Flower Data	
分類	トウダイグサ科トウダイグサ属
別名	ミネノユキ（峰の雪）
開花期	夏〜秋
出回り期	5〜10月
花もち	5日程度
葉の観賞期間	7〜10月
流通	種子、苗、切り花

シロツメクサ、ノウゼンカズラ、ハイビスカス

254

花と植物から
生まれた伝統色

古くから伝わる和の伝統色と、
染料として用いられた花や植物を紹介します。

緋 (あけ)
深い赤色
染料：アカネの根

アカネの根を乾燥させた
ものを煮出した液に浸し、
灰汁で発色させて染めま
した。

刈安 (かりやす)
明るい黄色
染料：カリヤスの葉や茎

カリヤスは、ススキに似
たイネ科の植物。葉や茎
を乾燥させたものを煮出
した液に浸し、灰汁で発
色させ染めました。

露草色 (つゆくさいろ)
薄い青紫色
染料：ツユクサの花びら

花びらを布にこすりつけ、
その汁で染めましたが、
水に濡らすと溶け出し定
着しません。

黒橡 (くろつるばみ)
黒に近い灰色
染料：クヌギの実（どんぐり）

どんぐりを砕いたものを
煮出した液に浸し、鉄分
を含んだ泥などを使って
発色させて染めました。

紅 (くれない)
あざやかな赤
染料：ベニバナの花びら

花びらを蒸して発酵させ
たものを煮出した液に浸
し、灰汁と酢を使って発
色させ染めました。

深紫 (こきむらさき)
暗く灰色がかった紫色
染料：ムラサキの根

ムラサキは古くから山野
に自生する草で、初夏に
小さな白い花を咲かせま
す。その根を使って染め
ました。

黄支子 (きくちなし)
少し赤みのある黄色
染料：クチナシの実

クチナシの実を砕いたも
のを煮出した液に浸し、
灰汁で発色させ染めまし
た。

深縹 (こきはなだ)
紫色がかった濃い藍色
染料：アイ（タデアイ）の葉

葉を発酵させたものと灰
などを水に加え、さらに
発酵させた液に浸して染
めました。

[この日生まれの人]

知性と行動力とを兼ね備えた人。繊細な面もありながら、実務能力に長け、物事に徹底的に取り組むタイプなので、1人で何でもこなすでしょう。

誕生花

インパチェンス

花期が初夏から秋までと長く、夏の暑い時期も元気いっぱいに次々と花を咲かせます。ホウセンカの仲間で、熱帯アフリカ原産であることから、「アフリカホウセンカ」の別名もあります。花色が豊富なうえ、一重咲き、八重咲き、バイカラーのものなど花の表情が多彩。斑入りの葉をもつ品種もあり、寄植えやハンギングバスケット、リースなどで楽しめます。

Busy Lizzie

花言葉
目移りしないで

Flower Data

分類	ツリフネソウ科ツリフネソウ属
別名	アフリカホウセンカ
開花期	初夏～秋
出回り期	3～10月（苗）
花もち	3～5日程度
流通	種子、苗

その他の誕生花
キキョウ、スパティフィラム

ヒルザキツキミソウ

昼咲月見草

花びらと花の中心の色のコントラストが
美しく、長く突き出した雄しべの先端が
十字形になっているのも独特です。ツキ
ミソウの仲間の多くは夕方から花開きま
すが、この花は夜明け前に咲き、日中も
花が開いているのが特徴。白い花を咲か
せるものもあり、写真のモモイロヒルザ
キツキミソウと花色で分けて扱うことも
あります。

Pinkladies

花言葉
自由な心

9/ Sep. 2

［この日生まれの人］
朗らかでおっとり。誰に対し
てもフレンドリーに接する気
さくな人。辛抱強く、不平不
満を口に出さないのも長所。
芯の強さも特性です。

Flower Data

分類	アカバナ科マツヨイグサ属
別名	―
開花期	初夏〜秋
出回り期	4〜9月（苗）
花もち	1〜2日程度
流通	種子、苗

その他の誕生花
マリーゴールド（黄）

9/ Sep.
3

[この日生まれの人]
生真面目で几帳面ながら、どこか抜けたところもあり、周囲から愛されています。半面、大胆さももち合わせ、自然体で人生を切り拓いていくはず。

誕生花

コスモス 秋桜

花名は、美しいという意味のギリシャ語「Kosmos」に由来します。甘く優しい色合いの花がふわふわと風に揺れる姿は秋の風物詩。レースのような葉や細くしなやかな茎が特徴的で、一輪だけでもアレンジメントにしても映える花です。切り花ではピンク系が多く、濃淡だけでなくグラデーションや絞り模様が入ったものなどバリエーションが多彩です。

Flower Data

分類	キク科コスモス属
別名	アキザクラ（秋桜）、オオハルシャギク（大春車菊）
開花期	秋
出回り期	4〜11月
花もち	5〜10日程度
流通	種子、苗、切り花

その他の誕生花
アキレア、カラジューム、
マーガレット

Cosmos

花言葉
調和
優美（白）
乙女の愛情（赤）
乙女の純潔（ピンク）

誕生花

リューカデンドロン

細長い葉に包まれるような茎の先に、苞(ほう)に守られるようにして花があります。南アフリカ原産のワイルドフラワーらしい個性的な姿とエキゾチックな雰囲気が魅力です。ドライフラワーでも人気の花材で、大型のスワッグの主役としてよく用いられます。以前より生花店などで出回る品種が増えており、個性の違う花の姿を楽しむことができます。

Silver leaf tree

花言葉
物言わぬ恋
閉じた心を開く

Flower Data

分類	ヤマモガシ科ギンヨウジュ属
別名	ギンヨウジュ（銀葉樹）、シルバー・ツリー、レウカデンドロン
開花期	夏
出回り期	通年
花もち	2週間程度
流通	苗、切り花

その他の誕生花
ソリダスター、ナデシコ

[この日生まれの人]

知的好奇心がとても旺盛な知りたがり屋。調べものや勉強が大好きです。周囲からの引き立てを受けて人生を上昇気流に乗せていくでしょう。

誕生花

ケイトウ 鶏頭

花名のとおり鶏のトサカのようなユニークな姿の花。艶やかな色、ビロードのようになめらかな手触りなど、インパクトがあります。古くに中国から渡来しましたが、当時は野菜として導入された歴史があります。現在、一般に流通しているケイトウにはいくつか種類があり、花の色や形、大きさもバリエーション豊富で、さまざまなアレンジメントに活躍します。

Cockscomb

花言葉
風変わり
おしゃれ

Flower Data

分類	ヒユ科ケイトウ属
別名	カラアイ（韓藍）、ケイカンカ（鶏冠花）
開花期	夏〜秋
出回り期	5〜12月
花もち	5日〜1週間程度
流通	種子、苗、切り花

その他の誕生花

ヨルガオ

郵 便 は が き

169 - 8732

料金受人払郵便

新宿北局承認

647

差出有効期間
2025年11月
30日まで

切手を貼らず
にこのままポ
ストへお入れ
ください。

（受取人）
東京都新宿北郵便局
郵便私書箱第2005号
（東京都渋谷区代々木1-11-1）

U-CAN 学び出版部

愛読者係　行

|ևիկ|և|իկ|ևիմ|իկկ|ելելելելելելելելելելելելելելել|

愛読者カード

366日の美しい誕生花

　ご購読ありがとうございます。読者の皆さまのご意見、ご要望等を今後の企画・編集の参考にしたいと考えております。お手数ですが、下記の質問にお答えいただきますようお願いします。

1. 本書を何でお知りになりましたか？
   　a. 書店で　　　b. ネット書店で　　c. 図書館で
   　d. 知人・友人から　　e. インターネットで　　f. SNSで
   　g. 新聞・雑誌広告で　　h. その他（　　　　　　　　　　　）

うら面へ続きます

2. 本書を購入された理由は何ですか？（複数回答可）
   a. 興味・関心のあるテーマだから
   b. なんとなく読んでみたいと思ったから　　c. 人にすすめられたから
   d. タイトルにひかれたから　　　　　　　　e. 表紙が気に入ったから
   f. その他（　　　　　　　　　　　　　　　　　　　　　　　　　　　）

3. 本書の内容について
   ①内容は　　　　　　　（a. 良い　　　b. ふつう　　　c. つまらない）
   ②ページ数は　　　　　（a. 多い　　　b. ちょうどよい　c. 少ない）
   ③誌面の見やすさ　　　（a. 良い　　　b. ふつう　　　c. 悪い）
   ④表紙のデザイン　　　（a. 良い　　　b. ふつう　　　c. 悪い）
   ⑤価格　　　　　　　　（a. 安い　　　b. ふつう　　　c. 高い）
   ⑥本書の感想をお聞かせください。
        ※お客様のコメントを広告等でご紹介してもよろしいですか？
        □はい　　　　　□いいえ

4. 書籍は、どこで買うことが多いですか？（複数回答可）
   ①書店　　　（a. 勤務先周辺　　　b. 駅前　　　c. 自宅周辺）
   ②ネット書店　　　　③古本屋など　　　　④電子書籍販売サイト

※下記、ご記入をお願いします。

ご職業	1. 学生　　　2. 会社員　　　3. 公務員　　　4. 自営業 5. 主婦(夫)　6. パート・アルバイト　　　7. 無職 8. その他（　　　　　　　　　　　　　　　　　）
性　別	男　・　女　　　　　年　齢　　　　　　　　　歳

ご協力ありがとうございました。

Cat's whiskers

【この日生まれの人】
真面目でしっかり者。少しずつ確実にステップアップしていく堅実派です。慈愛の心をもち、人に献身的に救いの手を差し伸べるでしょう。

花言葉
貢献／進歩

誕生花

ネコノヒゲ 猫の髭

花の外に突き出した長い雄しべと雌しべがまるで猫の髭のように見えるユニークな花です。英名の「Cat's whiskers」は、猫の髭の意。別名の「クミスクチン」もマレー語で同じ意味です。日本へは薬用植物として渡来しましたが、花が美しいことから観賞用として栽培され、普及しました。グリーンと組み合わせた涼し気なアレンジメントも素敵です。

Flower Data

分類	シソ科クミスクチン属（ネコノヒゲ属）
別名	クミスクチン
開花期	初夏〜秋
出回り期	4〜5月（苗）
花もち	1〜2週間程度
流通	苗

その他の誕生花
クルマユリ、シンフォリカルポス、ハギ

[この日生まれの人]
内気な恥ずかしがり屋さん。
自分の感情をあまり表に出し
ませんが、自分をしっかりと
保ちつつ周囲と上手に協調し
ていくことができるでしょう。

誕生花

ブルースター

花嫁の幸せを願うサムシングブルーとして、
ブライダルの花に使われることも多いブ
ルースター。マットで優しいブルーの色
合いと星形の愛らしい花が魅力。花は蕾
の頃はピンクがかっており、花が終わる
頃には紫色を帯びるため、色の変化も楽
しめます。ピンクの花を咲かせるピンク
スター、白い花を咲かせるホワイトスタ
ーもあります。

花言葉
幸福な愛
信じ合う心

Tweedia

Flower Data

分類	キョウチクトウ科オキシペタラム属
別名	ルリトウワタ（瑠璃唐綿）、オキシペタラム
開花期	夏〜秋
出回り期	通年
花もち	5日〜1週間程度
流通	種子、苗、切り花

その他の誕生花
ヘリアンサス、オレンジ

ホウセンカ 鳳仙花

「鳳仙花」の名は、花の姿を翼を広げた鳳凰に見立てたものとも。「爪紅」の別名は、昔、爪に色をつける際にホウセンカの赤い花を用いたことに由来します。同じ仲間のインパチェンスより全体に大型で見応えがあるのが魅力です。園芸品種が多く、切り花として流通しているものの花色はさまざまですが、幾重にもフリルが重なった八重咲きが多いようです。

Rose balsam

誕生花

花言葉
私に触れないで
短気／せっかち

Flower Data

分類	ツリフネソウ科ツリフネソウ属
別名	ツマクレナイ、ツマベニ（爪紅）、ティンサグ
開花期	夏〜秋
出回り期	6月（苗）
花もち	3〜5日程度
流通	種子、苗

その他の誕生花
クジャクアスター、
ケイトウ

[この日生まれの人]
感受性が強く、曲がったこと
が大嫌い。正義感溢れるピュ
アな心の持ち主です。物事の
一部始終をしっかり見つめる
姿が周囲を驚かせるかも。

誕生花

カンガルーポー

オーストラリア原産のワイルドフラワー
のひとつです。起毛の織物のようななめ
らかな質感と、独特な形の花は存在感抜群。
ユニークでチャーミングな花名は、花の
形をカンガルーの前足に見立てたもの。
ワイルドフラワーらしい野性味がありま
すが、花色によってはエレガントな雰囲
気にもマッチします。ドライフラ
ワーとして楽しめるのも魅力です。

花言葉
驚き／陽気

Kangaroo paw

Flower Data

分類	ハエモドルム科アニゴザントス属
別名	キャッツポー、アニゴザントス
開花期	春
出回り期	通年
花もち	1〜2週間程度
流通	苗、切り花

その他の誕生花
オオギク、オミナエシ

誕生花

シュウカイドウ 秋海棠

花がカイドウに似て、秋に咲くことから
この名がつけられました。細く長い花柄
が垂れた先に淡い紅色の花を咲かせる姿
は素朴で繊細、しっとりとした風情があ
ります。白い花を咲かせるものもあり、
こちらは凛とした趣き。鮮やかな緑色の
左右非対称のハート形の葉も味わい深く、
花のない時期も楽しめます。葉裏が赤く
なる品種もあります。

[この日生まれの人]

少しシャイな面があり、物静
かな第一印象ですが、実際は
大胆で遊び心いっぱいの楽し
い人。中途半端が嫌いで、物
事に徹底的に取り組みます。

*Hardy
begonia*

花言葉
片思い

Flower Data

分類	シュウカイドウ科シュウカイドウ属
別名	ヨウラクソウ（瓔珞草）
開花期	夏〜秋
出回り期	8〜10月（苗）
花もち	5日〜1週間程度
流通	苗

その他の誕生花
ダリア（赤）、ポットマム

誕生花

ムクゲ 槿、木槿

花が少ない夏の時期に、透け感のある薄紙のような涼し気な花を咲かせます。夏を代表する花木のひとつで、庭木や生け垣として植えられることも多いです。1つひとつの花はその日のうちにしぼんでしまいますが、次々と花開いて、あたりに涼感を漂わせます。花色には白い花びらで根元が赤いものもあり、コントラストが鮮やかです。

Rose-of-Sharon

花言葉
恋の虜
新しい美
信念

Flower Data

分類	アオイ科フヨウ属
別名	ハチス（蓮）
開花期	夏〜秋
出回り期	10〜5月（苗）
花もち	一日花（日中に咲き夕方閉じる）
流通	苗

その他の誕生花
オミナエシ、サフラン、ブドウ

誕生花

クレマチス

楚々とした佇まいが愛され、古くから茶花として親しまれました。花名は、巻きひげやつるを意味するギリシャ語に由来します。ダリアやバラのような姿の八重咲きやベル形の花が咲くものもあり、花色も多彩で和洋どちらのアレンジメントやブーケにも合わせやすい花です。多くはつる性なので、つるを活かしたあしらいも素敵です。

Clematis

[この日生まれの人]

明るく陽気でエネルギッシュな人。困っている人を助ける親分・あねご気質の持ち主です。その本分は、あくまで地道で計画的な慎重派かも。

花言葉
旅人の喜び
美しい心

Flower Data

分類	キンポウゲ科センニンソウ属（クレマチス属）
別名	カゼグルマ（風車）、テッセン（鉄線）
開花期	春〜秋
出回り期	3〜12月
花もち	5日〜1週間程度
流通	苗、鉢植え、切り花

その他の誕生花
ディアスキア、フトイ

267

9/13

[この日生まれの人]
物事を白黒ハッキリとさせたいタイプで、決して途中で投げ出したりはしません。ロマンチックな世界にのめり込む可愛らしい一面も。

誕生花
カンナ

太い茎の先に咲く鮮やかな花と大きな葉の色のコントラストが美しく、華やかです。熱帯地方原産で、多くの園芸品種があります。夏の暑さをものともせずに元気に花を咲かせる姿が愛され、花壇の花として親しまれてきました。銅のように赤黒い光沢のある葉をもつものや斑入りのものもあり、カラーリーフとしても楽しめ、蕾の姿にもまた味わいがあります。

花言葉
情熱／快活

Canna

Flower Data

分類	カンナ科カンナ属
別名	ハナカンナ（花カンナ）
開花期	初夏〜秋
出回り期	4〜8月（苗）
花もち	5日〜1週間程度
流通	種子、苗

その他の誕生花
クズ、ベンケイソウ

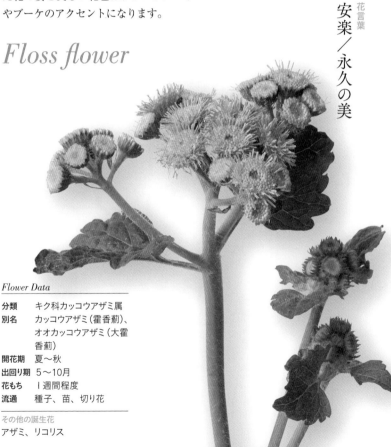

誕生花

アゲラタム

毛羽立った花が枝分かれした茎の先に集まって咲くアゲラタム。モコッとした風合いがユニークです。ギリシャ語で「年をとらない」を意味する言葉が花名の語源。その名のとおり、次々と花を咲かせて花期が長いため、花壇の花としても人気です。花色には白やピンクもあり、ふわふわした花の姿と美しい花色はアレンジメントやブーケのアクセントになります。

Floss flower

9 / Sep.
14

[この日生まれの人]
律儀で真面目。何ごとも一歩ずつ進め、完璧を目指したいタイプでしょう。的確な分析力と観察眼とで、現実をしっかりと見据えていきます。

花言葉
安楽／永久の美

Flower Data

分類	キク科カッコウアザミ属
別名	カッコウアザミ（霍香薊）、オオカッコウアザミ（大霍香薊）
開花期	夏～秋
出回り期	5～10月
花もち	1週間程度
流通	種子、苗、切り花

その他の誕生花
アザミ、リコリス

269

15

[この日生まれの人]
ネガティブな感情も上手にコントロールでき、いつも優しく穏やかな人。みっともないところは他人に見せないという高い美意識の持ち主です。

誕生花

オニユリ 鬼百合

古くから日本の山野にも自生するユリで、鮮やかなオレンジ色の花びらに紫褐色の斑点(はんてん)があるのが特徴です。茎の先に、多いものでは十数個も、花びらが反り返った大輪の花をうつむきがちに咲かせます。「タイガーリリー」の英名にふさわしく、ゴージャスで迫力のある美しい姿。懐石料理などに使われる百合根(ゆりね)は、この花の地下茎です。

Flower Data

分類	ユリ科ユリ属
別名	テンガイユリ(天蓋百合)
開花期	夏
出回り期	7〜8月
花もち	1週間〜10日程度
流通	球根、切り花

その他の誕生花
グラジオラス、サネカズラ、ダリア

Tiger lily

花言葉
富と誇り

[この日生まれの人]
こうしたい！ という理想を掲げ、不屈の精神で道を切り拓いていきます。完璧主義者な面がある一方で、周囲の人も尊重していけるタイプ。

Egyptian starcluster

誕生花

ペンタス

2cmほどの大きさの漏斗状で先端が星形の愛らしい花が、ドーム状にたくさん集まって咲きます。まるで星を散りばめたような様子から「エジプトの星団」という意味の英名がつきました。花色には白やピンク、赤、紫紅色などがあります。切り花の流通はありませんが、暑い夏も元気に咲いて花期が長いため、寄せ植えや花壇の花として人気です。

花言葉
願い事
望みはかなう

Flower Data

分類	アカネ科クササンタンカ属
別名	クササンタンカ（草山丹花）
開花期	初夏〜秋
出回り期	4〜6月（苗）
花もち	3週間程度
流通	種子、苗

その他の誕生花
ガーベラ（スパイダー咲き）、
ハゲイトウ、リンドウ

[この日生まれの人]
夢見る理想家ながら現実を見失うことのない人です。頭の回転が速く、巧みな言葉で人の心をつかむ高いコミュニケーション能力の持ち主でも。

誕生花

カワラケツメイ 河原決明

干したものを煎じて、お茶や漢方の生薬として用いられる和漢のハーブです。ネムチャ、マメチャの別名はそこから名づけられました。ネムノキやオジギソウに似た葉をもちますが、つついても葉は閉じません。葉のつけ根に１〜２個、明るい黄色の５弁の花を咲かせます。花が終わると３〜４cmほどのキヌサヤのような豆果ができ、熟すと黒くなります。

花言葉
自由

Cassia nomame

Flower Data

分類	マメ科カワラケツメイ属
別名	ネムチャ（合歓茶）、マメチャ（豆茶）
開花期	夏〜秋
花もち	１週間程度
流通	―

その他の誕生花
オミナエシ、ジャノメエリカ、シュウカイドウ、リクニス

[この日生まれの人]
爽やかで明るく、おしゃれな雰囲気をもった人。人には優しいけれど自分には厳しくストイック。妥協という言葉を激しいほどに嫌うでしょう。

花言葉
貞節
純潔

誕生花

Gentian

リンドウ（白）竜胆

古くから日本の山野に自生し、秋を代表する花のひとつとして親しまれています。清涼感のある青紫色の花がポピュラーで、生花店にも青紫色の花が多く出回りますが、最近は品種改良が進み、華やかな色や形の花を咲かせるものも出回っています。白いリンドウは、和洋を問わず、アレンジメントやブーケに清々しい雰囲気をプラスしてくれます。

Flower Data

分類	リンドウ科リンドウ属
別名	ササリンドウ（笹竜胆）、エヤミグサ（疫病草）
開花期	秋
出回り期	6～11月
花もち	5～10日程度
流通	苗、鉢植え、切り花

その他の誕生花
アザミ、ホウセンカ

誕生花

サンダーソニア

優しいオレンジ色のサンダーソニア。ふっくらとしたベル形の花が1本の茎にいくつもぶら下がって咲く姿が愛らしく、アレンジメントやブーケのアクセントとして活躍します。葉の先端が巻きひげ状になることがあり、この巻きひげでほかの植物などに巻きつくことも。原産地の南アフリカで12月頃に咲くことから「クリスマスベル」の英名があります。

花言葉
望郷
祈り
福音

Christmas bells

Flower Data

分類	イヌサフラン科サンダーソニア属
別名	チョウチンユリ(提灯百合)、チャイニーズランタンリリー
開花期	夏
出回り期	通年
花もち	1週間〜10日程度
流通	球根、苗、切り花

その他の誕生花
オーニソガラム、サルビア

Swertia
pseudochinensis

[この日生まれの人]
気配り上手な社交家。穏やか
で優しい雰囲気で人当たりも
良いですが、意外とプライド
が高く、考えや行動には絶対
の自信をもっているでしょう。

花言葉
すべてよし
安らぎ／余裕

誕生花

イブニングスター

イブニングスターは、星形の花にちなむ
通称で、切り花がこの名で流通しています。
和名は「ムラサキセンブリ」。もともと日
当たりのよい草地などに自生する山野草で、
漢方の苦い生薬として知られるセンブリ
の仲間です。たくさん枝分かれした細い
茎の先々に淡紫色や白の花を咲かせます。
秋の山野草らしい繊細で可憐な佇まいが
魅力です。

Flower Data

分類	リンドウ科センブリ属
別名	ムラサキセンブリ（紫千振）
開花期	秋
出回り期	9〜12月
花もち	1週間程度
流通	苗、切り花

その他の誕生花
シオン、リンドウ（紫）

9/21

[この日生まれの人]
清潔で、かつ生き生きとした
魅力の持ち主。人から指図さ
れることが苦手で、マイペー
スで歩みを進めます。人の気
持ちを素早く察する一面も。

サルビア

「セージ」ともよばれ、世界に900種以上
の仲間が分布するサルビア。よく知られ
るのは真っ赤な花を咲かせるサルビア ス
プレンデンスですが、濃い青紫色の花を
咲かせるサルビア グアラニティカなど、
観賞用に改良された美しい園芸品種が数
多くあり、花の形、咲き方、開花時期は
さまざまです。長い花穂を活かしたアレ
ンジメントは和洋を問いません。

Salvia guaranitica

花言葉
燃え上がる思い
知恵（サルビア グアラニティカ）

Flower Data

分類	シソ科アキギリ属
別名	ヒゴロモソウ（緋衣草）
開花期	初夏〜秋
出回り期	4〜11月
花もち	3〜5日程度
流通	種子、苗、切り花

その他の誕生花
カンナ、コルチカム

276

[この日生まれの人]
クオリティーの高さを追求するストイックな人ですが、状況に応じて人に譲れる心の広さも。天然な面が愛嬌となり、魅力を引き立てています。

誕生花

アカネ 茜

山野に自生するつる草で、枝の先に3〜4mmほどの黄緑色の可愛らしい花を咲かせます。花が終わると丸い実がつき、実は熟すと黒色になります。根は乾燥すると赤くなり、古くから赤色の染料として貴重なものでした。和歌の枕詞「あかねさす」は、アカネで染めた鮮やかな赤色のように、美しく輝く、照り映えるという意味で使われます。

Madder

花言葉

私を思って／媚態

Flower Data

分類	アカネ科アカネ属
別名	アカネカズラ（茜葛）
開花期	秋
出回り期	3〜4月（苗）
花もち	1週間程度
流通	苗

その他の誕生花
センニチコウ、ミソハギ

[この日生まれの人]
スマートで、周囲に冷静という印象を与えます。一度決めたことに粘り強く取り組む集中力と持久力の持ち主で、周囲からの信頼も厚いはず。

Flower Data

分類	ヒガンバナ科ヒガンバナ属
別名	ヒガンバナ(彼岸花)、リコリス
開花期	秋
出回り期	7〜10月
花もち	5日程度
流通	球根、苗、切り花

その他の誕生花
ピレスラム

花言葉
悲しい思い出

Hurricane lily

誕生花
マンジュシャゲ 曼珠沙華

秋の彼岸の頃になると田の畔道や道端などに群れをなして、燃えるような緋色の花を咲かせるマンジュシャゲ。長い雄しべをもった独特の姿が妖しく美しい花です。園芸品種が多くあり、「リコリス」の名で切り花が出回っています。従来の赤や白の花色のほかに、ピンクや黄色、オレンジ、紫もあり、エレガントなアレンジメントやブーケにも合います。

誕生花

エリンジウム

メタリックな色合いとワイルドな姿と質感が特徴です。無数の小さな花が集まった松笠のようなかたまりを守るように、トゲのある長い苞がつく姿は独特。個性的なアレンジメントやブーケにぴったりです。花の形や花色は品種によって異なります。ドライフラワーとしても楽しめますが、棘が乾燥によって鋭くなるので、扱いには注意が必要。

[この日生まれの人]

穏やかで、常に微笑みを絶やさない人好きのするタイプ。他人が求めているものを瞬時に理解する能力があります。愛する相手にはとても忠実。

Flat sea holly

花言葉
秘めた思い
秘密の恋

Flower Data

分類	セリ科エリンジウム属
別名	マツカサアザミ（松笠薊）、エリマキアザミ（襟巻薊）
開花期	夏
出回り期	通年
花もち	１週間〜10日程度
流通	種子、苗、切り花

その他の誕生花

ダリア（黄）、チョコレートコスモス、ルドベキア

9/25 Sep.

[この日生まれの人]
純粋で愛に溢れた人。周囲の人をもれなくほっとさせる癒やしパワーの持ち主です。自分の気持ちに正直で嘘がつけないところも魅力でしょう。

誕生花

シコンノボタン 紫紺野牡丹

紫紺野牡丹という和風の風雅な名をもちますが、ブラジル原産です。濃い紫色の大輪の5弁の花がしっとりと艶やか。柔らかいうぶ毛で覆われた、葉脈の目立つ鮮やかな色の葉とのコントラストも美しく、抜群の存在感を発揮します。雄しべには関節があり、蜘蛛の足のように曲がっているのが特徴です。一日花ですが、次々と花を咲かせるので長く楽しめます。

花言葉
ひたむきな愛情

Princess-flower

Flower Data

分類	ノボタン科シコンノボタン属
別名	グローリーブッシュ
開花期	夏～秋
出回り期	4～5月（苗）
花もち	一日花（日中に咲き夕方閉じる）
流通	苗、鉢植え

その他の誕生花
ウラギク、クジャクアスター、ノボタン

[この日生まれの人]
陽気で明るくフレンドリーな人。その言動には浮ついたところがなく、思慮深さや慎重さもうかがえます。向上心が高く、頑張り屋さんな面も。

花言葉
いつも元気
無邪気
自然を愛する

Green purslane

誕生花

ポーチュラカ

先が丸い卵形の多肉質の葉とポップな色合いの花が元気いっぱいでキュートな印象です。マツバボタンの仲間で、姿も似ています。よく枝分かれして横に広がって成長するので、ハンギングバスケットなど寄せ植えに人気です。株いっぱいに次々と花を咲かせ、初夏から秋まで長く楽しめるのも魅力。花は晴れた日に開き、曇りや雨の日は閉じます。

Flower Data

分類	スベリヒユ科スベリヒユ属
別名	ハナスベリヒユ（花滑莧）
開花期	初夏〜秋
出回り期	4〜10月（苗）
花もち	2〜3日程度
流通	苗

その他の誕生花
イチイ、バラ、ラバテラ

281

[この日生まれの人]

争いごとが心から嫌いな、根っからの平和主義者。優しい性格を活かし、居心地の良い場をつくることに天才的な能力を発揮してくれるでしょう。

誕生花

ホトトギス 杜鵑草

鳥のほととぎすと同じ名をもつこの花。花びらの模様がほととぎすの胸のまだら模様に似ていることに由来します。林などのやや湿った環境に自生する山野草で、多くは日本だけに見られる固有種です。白地に紫色の斑点が入った6弁の花のひっそりと涼し気な佇まいには独特の美しさが。和風のアレンジメントやブーケを個性的に演出してくれます。

Toad lily

花言葉
永遠にあなたのもの
持続

Flower Data

分類	ユリ科ホトトギス属
別名	ユテンソウ（油点草）
開花期	夏～秋
出回り期	8～10月
花もち	5日～1週間程度
流通	苗、切り花

その他の誕生花
コスモス、コルチカム、トレニア

Flower Data

分類	ヒユ科ヒユ属
別名	センニンコク（仙人穀）、センネンコク（千年穀）、ヒモゲイトウ（紐鶏頭）
開花期	夏
出回り期	6〜1月
花もち	5日〜1週間程度
流通	種子、苗、切り花

その他の誕生花
ケイトウ、ダンギク、フジバカマ、ヘレニウム

[この日生まれの人]
さらりとスマートな人でありながら、強い意思で自分の力で道を切り拓いていきます。洗練されていて飛び抜けたセンスをもっているのも特徴。

花言葉
粘り強い精神
不老不死
不滅

Amaranthus

誕生花

アマランサス

スーパーフードとしても知られるアマランサス。種子は雑穀の一種ですが、花を観賞するための園芸品種もさまざまあり、アレンジメントやブーケのアクセントとして人気です。「紐鶏頭」の別名のとおり、花穂がひも状に垂れるタイプや花穂が立っているタイプも。花名は、ギリシャ語で「しおれない」「花期が長い」を意味する言葉「amaramthos」に由来します。

[この日生まれの人]
すぐれたバランス感覚を持ち、周囲と上手に調和していきます。穏やかで平和であることが何よりの喜びなのです。多くの味方を得て開運する人。

花言葉
慶事
祭礼
喜び

Mizuhiki

誕生花
ミズヒキ 水引

つつましく奥ゆかしい佇まいが愛され、生け花や茶花に用いられることの多い山野草です。小さな粒のような赤い花がまばらに並んだ細く長い花穂が、進物などにかける紅白の水引に似ていることからこの名がつけられました。道端などでもよく見かけます。アレンジメントやブーケには花穂のラインを活かして。巻きつけてアクセントにするのも素敵です。

Flower Data

分類	タデ科イヌタデ属
別名	ナガバミズヒキ（長葉水引）
開花期	夏〜秋
出回り期	8〜9月
花もち	2週間程度
流通	苗、切り花

その他の誕生花
アスター、ススキ、ポーチュラカ

［この日生まれの人］
そこにいるだけで場の空気を
明るく変えるオーラの持ち主。
楽しく生きることがモットー
です。社交性が高く、如才な
い話術にも恵まれています。

誕生花

ゼフィランサス

ゼフィランサスの仲間では、白い花を咲かせる「タマスダレ」とピンクの花を咲かせる「サフランモドキ」が知られます。細い葉の間に茎を伸ばして、先端にひとつ可憐な花を咲かせます。1つひとつの花は短命ですが、次々と花が咲くので長く楽しめます。花が美しいことから、ギリシャ語神話の西風の神ゼフィロスの花を意味する名をつけられました。

花言葉

汚れなき愛
期待
便りがある

Zephyr lily

Flower Data

分類	ヒガンバナ科タマスダレ属
別名	タマスダレ（玉簾、珠簾）、サフランモドキ
開花期	夏〜秋
出回り期	3〜5月（苗）
花もち	2〜3日程度
流通	球根、苗

その他の誕生花
ケイトウ、シュウメイギク

10/ Oct. 1

[この日生まれの人]
調和と平和を愛する穏やかな
人。美しい世界が大好きです。
ファッションセンスにも優れ、
ハイクラスでエレガントな雰
囲気を漂わせています。

Flower Data

分類	マメ科ハギ属
別名	ニワミグサ（庭見草）
開花期	夏〜秋
出回り期	通年（センダイハギ）
花もち	3〜4日程度
流通	苗、切り花

その他の誕生花
キク、チョコレートコスモス、
ヘリオトロープ、リンドウ

Japanese clover

誕生花

ハギ 萩

花言葉
思案／内気
柔軟な精神

明るい赤紫色やピンクの蝶のような形の
花を枝いっぱいに咲かせます。秋の七草
のひとつとして古くから愛され、『枕草子』
でも、花盛りのハギのたおやかな風情が
愛でられています。古典文学で取り上げ
られるのは野生のハギを代表するヤマハギ。
切り花としては、雅やかで美しい青紫色
の花を咲かせるムラサキセンダイハギが
出回っています。

286

誕生花

ヘレニウム

花名はギリシャ神話の絶世の美女ヘレネにちなんだものですが、「団子菊」の別名のとおり、花の中央が団子のように丸く盛り上がった姿がユニークです。赤や黄、オレンジ色の鮮やかな花色が特徴で、よく枝分かれして１本の茎にたくさん花がつき、爽やかな野の花の風情を感じさせます。画像はヘレニウムの園芸品種で、オータムロリポップです。

[この日生まれの人]

そこにいるだけで場を明るくさせるパワーの持ち主。嫌なことがあってもすぐに気分転換ができるでしょう。センスの良い装いも魅力です。

花言葉

派手／涙

Sneeze weed

Flower Data

分類	キク科ヘレニウム属
別名	ダンゴギク（団子菊）、ヘレンニューム
開花期	初夏〜秋
出回り期	6〜10月
花もち	5日〜1週間程度
流通	種子、苗、切り花

その他の誕生花

キバナコスモス、シュウメイギク

ソフトな物腰と冷静沈着な態度を崩さない安定感たっぷりの人。周囲に安心感を与えています。考え深く、慎重に判断を下す力も特筆すべき長所。

誕生花

ヒャクニチソウ 百日草

初夏から晩秋までと花期が長いことから、百日もの間咲き続けるという意味で名づけられました。「ジニア」の名で出回っていることもあります。花色が多彩で、マリーゴールドやダリアのような八重咲きやシンプルな一重咲き、小ぶりの花を咲かせるものなど咲き方のバリエーションも豊富なので、アレンジメントやブーケに使いやすいのが魅力です。

花言葉
不在の友を思う
変わらない思い

Youth-and-old-age

Flower Data

分類	キク科ヒャクニチソウ属(ジニア属)
別名	ウラシマソウ(浦島草)、チョウキュウソウ(長久草)、ジニア
開花期	初夏〜晩秋
出回り期	4〜11月
花もち	5〜10日程度
流通	種子、苗、切り花

その他の誕生花
シオン、ハナトラノオ

［この日生まれの人］
頭が良く機転が利き、何をや
ってもスマート。周囲の意見
の調整役として活躍する人で、
誰とでもつきあえる気さくさ
を備えた人気者です。

誕生花

デュランタ

枝先に房状になってたくさんの花を咲か
せる姿が印象的な花木です。白い縁取り
が入る紫色の花が美しい園芸品種のデュ
ランタ タカラヅカ（写真）は、鉢物とし
ても出回っており、瑞々しい葉の色との
コントラストが鮮やかで、涼し気です。
淡い紫色や白い花を咲かせるものや、美
しい斑入りの葉をもち、花よりも葉を観
賞する品種もあります。

Golden dewdrop

花言葉
あなたを見守りたい

Flower Data

分類	クマツヅラ科タイワンレンギョウ属
別名	タイワンレンギョウ（台湾連翹）、ハリマツリ（針茉莉）
開花期	初夏～秋
出回り期	3～5月（苗）
花もち	2週間程度
流通	苗、鉢植え

その他の誕生花
クジャクアスター、レースフラワー

10/5

Oct.
5

[この日生まれの人]
自分のことは後回しでも、まず人を思いやる優しさをもった人。情緒が安定していて、いつも穏やか。周囲をホッと癒やす力に恵まれています。

誕生花

クレオメ

英語圏では、長い雄しべが突き出したこの花を蜘蛛に見立て「スパイダーフラワー」と名づけました。でも、茎の先に花がたくさんまとまって咲く姿は、蝶が花の蜜を求めて群れ集まっているかのように美しく優雅です。花は夕方から咲き、翌日の午後にはしぼんでしまいます。1つひとつの花は短命ですが、次々と花が咲き、長い花期で楽しめるのが魅力です。

花言葉
秘密の時間

Flower Data

分類	フウチョウソウ科セイヨウフウチョウソウ属
別名	セイヨウフウチョウソウ(西洋風蝶草)
開花期	夏〜秋
出回り期	7月(苗)
花もち	2日程度
流通	種子、苗

その他の誕生花
チョウセンアサガオ

Spider flower

290

[この日生まれの人]
調和とバランスを大切にし、人が傷つくことを深く悲しむ思いやり深い人。また、鋭い分析力をもち、状況を的確に読む判断力に長けた一面も。

誕生花

ヒメツルソバ 姫蔓蕎麦

ごく小さな花が密集して白やピンクの球状の花穂（かすい）を形づくり、その姿はまるで砂糖菓子のよう。明治時代に日本に渡来した後、全国各地で野生化。どこにでも根を下ろし増えていく丈夫さも特徴で、今では道端などにも見られる身近な草です。葉にはV字形の模様があり、秋には美しく紅葉します。苗はポリゴナムの名で出回っていることもあります

花言葉 愛らしい

Flower Data

分類	タデ科イヌタデ属
別名	カンイタドリ（寒虎杖）、ポリゴナム
開花期	春〜秋
出回り期	3〜6月（苗）
花もち	3週間程度
流通	苗

その他の誕生花
コスモス（赤）、
ベゴニア・センパフローレンス

Pink-headed persicaria

[この日生まれの人]

一緒にいる人を心地よくさせる天才。本来は行動的でパワフルなタイプですが、謙虚に振る舞うでしょう。洗練された雰囲気ももっています。

誕生花

エキナセア

大きく盛り上がり、メタリックな輝きを放つ花の中心部が印象的です。この様子がハリネズミを思わせることからギリシャ語で「ハリネズミ」を意味する名がつきました。花の形や花色が豊富なので、アレンジメントやブーケをシックな雰囲気からキュートな雰囲気まで幅広く演出してくれます。ドライフラワーとして楽しめるのも魅力です。

Purple coneflower

Flower Data

分類	キク科ムラサキバレンギク属（エキナセア属）
別名	ムラサキバレンギク（紫馬簾菊）、ムラサキセイヨウギク（紫西洋菊）、エキナケア
開花期	初夏〜秋
出回り期	6〜10月
花もち	とてもよい
流通	種子、苗、切り花

その他の誕生花

キンモクセイ、チョロギ

花言葉

優しさ
あなたの痛みを
癒やします

Flower Data

分類	アカバナ科ヤマモモソウ属
別名	ヤマモモソウ（山桃草）、ガウラ、ホワイト・ガウラ
開花期	初夏〜秋
出回り期	5〜10月（苗）
花もち	2日程度
流通	種子、苗

その他の誕生花
イブニングスター、ガーベラ（橙）

Lindheimer's beeblossom

花言葉
負けずぎらい

誕生花

ハクチョウソウ 白蝶草

細く長い茎に、長い雄しべと雌しべが目立つ蝶のような可憐な花をいくつも咲かせます。白い花色が咲き進むにつれてピンクがかっていくのも美しく、花色の変化を楽しめるのも魅力です。花色には、ピンクや白、白地の花びらにピンクの縁取りが入ったものなど優しいパステルカラーと、艶やかな赤があります。ガウラの名で出回ることも多いです。

[この日生まれの人]
明るく颯爽とした魅力に輝く人。過ぎたことを引きずることはないさっぱりとした気性です。向上心が強く、常に自分磨きを忘れない一面も。

誕生花

フェンネル

スパイシーで甘い香りがあるフェンネルは、料理の臭い消しや薬用に利用されてきたハーブです。夏、小さな黄色い可愛らしい花が開いた傘のように集まって咲きます。明るい黄緑色の葉は細く柔らかく、繊細な印象。茎や葉のみずみずしいグリーンと花色のコントラストは清々しく、ナチュラルなアレンジメントにぴったりです。実がついた切り枝も出回っています。

Fennel

花言葉
称賛

Flower Data

分類	セリ科ウイキョウ属
別名	ウイキョウ（茴香）
開花期	夏
出回り期	6〜8月
花もち	5日〜1週間程度
流通	種子、苗、切り花、切り枝

その他の誕生花
エキナセア、オミナエシ、ホトトギス

誕生花

マンデビラ

トロピカルな雰囲気いっぱいのマンデビラ。南米原産のつる草で、暑い夏をものともせず大輪の花をたくさん咲かせます。花色にはピンク、赤、白、黄色があります。花名は、この花をヨーロッパに紹介したブエノスアイレス（アルゼンチン）のイギリス公使マンディヴィルの名にちなみます。園芸品種のサンパラソルの名で出回っていることもあります。

花言葉
危険な恋
固い友情

Rocktrumpet

Flower Data

分類	キョウチクトウ科マンデビラ属
別名	デプラデニア
開花期	初夏〜秋
出回り期	3〜5月（苗）
花もち	1週間程度
流通	苗、鉢植え

その他の誕生花
ジュズダマ、フォックスフェイス、ブバリア

[この日生まれの人]
陽気なムードメーカー。人の力になりたいと願い、エネルギッシュに行動します。いつも何かを創り出そうと奔走し、生き生きと輝いているはず。

花言葉
ひとめ惚れ
可憐／友情

Frost aster

誕生花

クジャクアスター 孔雀アスター

「アスター」の名は、星を意味するギリシャ語に由来します。よく枝分かれして密に茂った細い茎の先に、シオンに似た素朴で可憐な花をたくさん咲かせます。花色には白、藤色、赤紫、ピンクのほか、咲き進むにつれて緑から黒紫色に変化するシックな花色の園芸品種もあります。宿根アスターの名で出回っていることもあります。

Flower Data

分類	キク科シオン属（アスター属）
別名	クジャクソウ（孔雀草）、クジャクギク（孔雀菊）
開花期	夏〜秋
出回り期	通年
花もち	1週間〜10日程度
流通	苗、切り花

その他の誕生花
コリウス、ミソハギ

誕生花

ゼラニウム

一般にゼラニウムの名で出回っているのは、
アフリカ原産のペラルゴニウム属などを
交配して作り出された園芸品種で、多く
の種類があります。鮮やかな色の花が1
本の茎にドーム状に集まって咲く姿は華
やかで美しく、花期が長いことから花壇
や鉢植えの花としても人気です。葉が美
しく香りの良いものは、グリーン花材と
しても出回り、精油の原料にもなります。

Geranium

花言葉

予期せぬ出会い（黄）
君がいて幸せ（赤）
決意（ピンク）
尊敬／信頼

Flower Data

分類	フウロソウ科テンジクアオイ属（ペラルゴニウム属）
別名	テンジクアオイ（天竺葵）、ペラルゴニウム
開花期	春〜冬（四季咲きのものもあり）
出回り期	通年（グリーン花材として）
日もち	5日程度
流通	苗、鉢植え、切り枝

その他の誕生花
ガーベラ（黄）

10/12 Oct.

［この日生まれの人］
小さなことにはこだわらない
開放的な性格。ユーモアセン
スと話術の巧みさが光ってい
ます。どんな状況でも客観的
な視点を忘れないクールさも。

[この日生まれの人]
コミュニケーション能力が高く、話し上手で聞き上手。誰からも好かれる人です。ファッションセンスに優れ、美しいものに目がないタイプ。

誕生花
ネリネ

花びらの縁が波打って強く反り返った花の姿がヒガンバナに似ています。エレガントな雰囲気が魅力で、茎の先に花びらがきらきらと宝石のように光り輝くことから「ダイヤモンドリリー」の英名も。繊細で優しい印象の、白やピンクの花色のものが主に出回っています。ネリネの名は、ギリシャ神話の美しい水の精ネーレーイスにちなみます。

花言葉
また会う日を楽しみに
箱入り娘

Nerine

Flower Data

分類	ヒガンバナ科ヒメヒガンバナ属 (ネリネ属)
別名	ヒメヒガンバナ(姫彼岸花)、ダイヤモンドリリー
開花期	秋〜冬
出回り期	9〜12月
花もち	5日〜1週間程度
流通	種子、球根、苗、鉢植え、切り花

その他の誕生花
アカンサス、キバナコスモス、リンドウ

誕生花

アメリカンブルー

涼し気なブルーの花が愛らしく、花壇や
寄せ植えの花として人気です。一日花で
すが、夏の暑い時期も株いっぱいに次々
と花を咲かせ、初夏から秋までと花期が
長いのが魅力です。茎に密についた卵型
の葉も可愛らしく、全体にうぶ毛が生え
ているため白っぽく見え、花色とのコン
トラストも楽しめます。エボルブルスの
名で出回っていることもあります。

花言葉

清涼感
溢れる思い

[この日生まれの人]

頭の回転が速くて聡明な人。
どんなことも器用にこなしま
す。もって生まれた品の良さ
とバランス感覚とで、幅広い
人脈を手にするでしょう。

Flower Data

分類	ヒルガオ科アサガオカラ クサ属
別名	エボルブルス
開花期	初夏〜秋
出回り期	4〜6月（苗）
花もち	一日花（日中に咲き夕方 閉じる）
流通	苗

花の他の誕生花

カトレア、コスモス（白）

*Dwarf
morning glories*

[この日生まれの人]
軽快で陽気。どんな場にもすぐに溶け込める才能の持ち主です。その実、デリケートな面もあるため、小さなことで気が滅入りやすいことも。

誕生花

キンモクセイ 金木犀

春のジンチョウゲ、初夏のクチナシとならぶ三大香木のひとつ。香りが強く、甘い香りが遠くまで届くのが魅力。秋の訪れを知らせる花です。幹の様子が動物のサイ（犀）の肌に似ているとして「木犀」の名があります。白い花を咲かせるギンモクセイ（銀木犀）に対して、黄色（金色）の花を咲かせることからキンモクセイ（金木犀）と名づけられました。

花言葉
気高い人
謙虚

Flower Data

分類	モクセイ科モクセイ属
別名	フミオエコトバナ（踏音開言花）
開花期	秋
出回り期	9〜10月（苗）
花もち	3〜5日程度
流通	苗

その他の誕生花
クレオメ、ミセバヤ

Fragrant orange-colored olive

10/
16 Oct.

[この日生まれの人]
少し不器用ながらも自分に厳しく、夢や理想のためにストイックに頑張る人。穏やかな顔の裏に真っすぐでひたむきな心を隠しもっているのです。

花言葉
不屈の精神
元気になる

China root

誕生花

サンキライ 山帰来

ジグザグに折れ曲がった実つきの枝がアレンジメントやリースの花材として人気です。初夏には緑色の実の枝が、秋には赤い実の枝が出回り、それぞれの色で異なる雰囲気を楽しめるのも魅力です。古くから生薬として利用され、山でこの実を食べた病人が帰ってくると元気になったことから「山帰来」と名づけられたともいわれます。

Flower Data

分類	サルトリイバラ科（シオデ科）サルトリイバラ属（シオデ属）
別名	サルトリイバラ（猿捕茨）
結実期	秋
出回り期	8〜12月
日もち	10日〜2週間程度
流通	苗、切り枝（実つき）

その他の誕生花
ビデンス・トリプリネルヴィア、マリーゴールド（橙）

10/17 Oct.

[この日生まれの人]
エレガントで知性的、クールな印象でありながら、温かなハートの持ち主。感情が豊かで人の気持ちに共感する能力が高い、優しい人です。

誕生花

コチョウラン 胡蝶蘭

丸い花びらが蝶のように見えることから名づけられました。優雅に舞い飛ぶ大型の蝶のような姿が魅力の花です。「幸福が根づく」とされ、鉢物は縁起の良い贈り物に。そのイメージが強いコチョウランですが、切り花も出回っています。幸福感いっぱいの花言葉とともに、アレンジメントやブーケに気軽に高級感と華やかさをプラスできるのが魅力です。

Moth orchid

花言葉
純粋な愛
幸福が飛んでくる
清純（白）
あなたを愛しています（ピンク）

Flower Data

分類	ラン科コチョウラン属
別名	ファレノプシス
開花期	通年
出回り期	通年
花もち	10〜15日程度
流通	苗、鉢植え、切り花

その他の誕生花
フヨウ、ムラサキシキブ

Gold medallion
flower

[この日生まれの人]

理解力に優れた理知的な人。ワンランク上のセンスももち合わせています。大胆な行動力と意思の強さで夢や目標を実現していくはず。

花言葉
元気
あなたはかわいい

誕生花
メランポディウム

2〜3cmほどの大きさの明るい黄色の花がキュートでポップな印象のメランポディウム。日本に紹介されたのは比較的最近ですが、フレッシュグリーンの葉の色とのコントラストも美しい元気いっぱいの姿が愛され、花壇や寄せ植えに人気です。属名のメランポディウムは、ギリシャ語で黒い足を意味する言葉で、品種によっては黒く太い根があることに由来します。

Flower Data

分類	キク科メランポディウム属
別名	ブラックフット
開花期	春〜秋
出回り期	5〜7月（苗）
花もち	2週間程度
流通	種子、苗、鉢植え

その他の誕生花
コットンツリー、ミソハギ

303

[この日生まれの人]
1人で考えごとをするのが好き。感情よりも理性のほうが勝っている人です。けれど他人への思いやりの気持ちの深さは誰にも負けないほど。

誕生花

ソリダゴ

花名は、ラテン語の「solidus（完全な）」と「ago（導く）」に由来し、この属が傷を治す効能があるとされたことから。日当たりの良い草原などに自生するアキノキリンソウやセイタカアワダチソウなどの仲間の園芸品種です。どんな花とも合わせやすく、ボリュームもあるので、アレンジメントやブーケのアクセントやおしゃれな脇役として活躍します。

花言葉

用心

励まし

Goldenrod

Flower Data

分類	キク科アキノキリンソウ属（ソリダゴ属）
別名	アキノキリンソウ（秋の麒麟草、秋の黄輪草）、オオアワダチソウ（大泡立草）
開花期	夏〜秋
出回り期	通年
花もち	5日〜1週間程度
流通	苗、切り花

その他の誕生花
エンゼルストランペット、グロリオサ

誕生花

リンドウ 竜胆

秋を代表する花として、和のイメージが強いリンドウ。でも、実はピンク、水色、バイカラーなどの花色もあり、洋風のアレンジメントやブーケにもよく合います。ふっくらとした蕾の形も愛らしく、涼し気な花の色ととともにアレンジメントやブーケのアクセントになります。根は「竜胆」とよばれる漢方の生薬で、それが転じて竜胆とよばれるように。

花言葉
悲しんでいるあなたを愛する
誠実な人柄

Gentian

Flower Data

分類	リンドウ科リンドウ属
別名	ササリンドウ（笹竜胆）、エヤミグサ（疫病草）
開花期	秋
出回り期	6〜11月
花もち	5〜10日程度
流通	苗、鉢植え、切り花

その他の誕生花
エキザカム、ニシキギ

10/21 ^{Oct.}

[この日生まれの人]
実直でいい加減なことを言わ
ない人。真面目でシャイなタ
イプながら、その誠実な人柄
で周囲の信頼を集めます。努
力を継続させるのが得意です。

Flower Data

分類	アオイ科ワタ属
別名	ワタ（棉）、アジワタ、 コットンフラワー
結実期	秋
出回り期	11〜1月
日もち	とてもよい
流通	種子、苗、切り枝

その他の誕生花
アザミ、チトニア、
テロペア・スペキオシッシマ

花言葉
優秀／有用

Cotton

誕生花

コットンツリー

このふわふわの綿毛を加工したものが木
綿製品になります。ハイビスカスのよう
な白や黄色の花を咲かせますが、花より
も種子の表面を覆う綿毛の独特の姿と質
感が愛され、切り枝やドライフラワーと
して人気です。綿毛の色には茶色や緑色
もあり、ナチュラルなアレンジメントや
リースに、温かみのあるアクセントとし
て活躍します。

［この日生まれの人］
爽やかな笑顔が魅力的なアク
ティブな人。大らかでさっぱ
りした雰囲気です。実は意外
と手強い切れ者で、嘘やごま
かしは通じないタイプです。

Balloon flower

変わらぬ愛
気品（紫）
清楚（白）

キキョウ 桔梗

秋の七草のひとつとして古くから親しま
れてきた花ですが、実は花が咲くのは初夏。
もともと山野に自生する野の花です。花
が美しいことから栽培され、二重咲きや
白い花を咲かせる園芸品種が生み出され
ています。「バルーンフラワー」の英名
のとおり、風船のように膨らんだ蕾も愛
らしく、和洋どちらのアレンジメントに
もマッチします。

Flower Data

分類	キキョウ科キキョウ属
別名	キチコウ（桔梗）、 オカトトキ（岡止々岐）
開花期	初夏〜秋
出回り期	6〜7月
花もち	3〜5日程度
流通	種子、苗、切り花

クレマチス、コスモス（ピンク）

307

[この日生まれの人]
どことなくエキゾチックな雰
囲気をもち、美しさと気品と
を兼ね備えた人。同時に、誰
に対しても親切に接する温か
い心の持ち主でもあります。

花言葉
いつも明るい
ひそかな情熱

誕生花

ルリマツリ 瑠璃茉莉

澄み切った青空のようなブルーの花色が
美しく、寄せ植えやハンギングバスケッ
トなどに人気の花です。初夏から秋まで、
暑い夏の間も次々と花を咲かせて楽しま
せてくれます。よく枝分かれして枝の先
がつる状になるので、行灯仕立ての鉢物
としても流通します。園芸店などではプ
ルンバゴの名で出回っていることも。花
色には涼し気な白もあります。

Blue plumbago

Flower Data

分類	イソマツ科ルリマツリ属
別名	アオマツリ（青茉莉）
開花期	初夏〜秋
出回り期	3〜6月（苗）
花もち	3〜5日程度
流通	苗、鉢植え

その他の誕生花
シンフォリカルポス、
ゼフィランサス

Flower Data

分類	バラ科ハゴロモグサ属
別名	セイヨウハゴロモグサ（西洋羽衣草）
開花期	初夏
出回り期	通年
花もち	5日～1週間程度
流通	苗、切り花

その他の誕生花
ガーベラ（ピンク）、プロテア

10/24 Oct.

[この日生まれの人]
強い信念と尽きない情熱とをもった人。物事を突き詰め、とことんまで掘り下げる熱い想いがあるのです。バイタリティーと集中力はピカイチ。

花言葉

輝き
献身的な愛
初恋

誕生花

アルケミラモリス

「聖母マリアのマント」を意味する英名の由来となったのが、特徴的な形の葉。美しく存在感のある明るい緑色の葉と、黄色い小花のコントラストがフレッシュで優しい雰囲気です。茎がしなやかで細かく枝分かれしてボリュームがあるので、アレンジメントやブーケにはカスミソウのように使えます。ドライフラワーとしても楽しめます。

Lady's mantle

[この日生まれの人]
パワフルでエネルギッシュ。
洞察力と探求心に優れ、目指
すものに近づいていきます。
我慢強いうえに責任感も強く、
誰からも信頼されるタイプ。

花言葉

いつまでも献身的に

Snowberry

誕生花

シンフォリカルポス

初夏から秋にかけて、スズランに似た愛
らしいピンクの花を咲かせます。花が終
わると、「スノーベリー」の英名のとおり、
ジュエリーのような輝きをもった白い実
が枝先に集まってつきます。ソフトでス
イートな雰囲気で、ブライダルのアレン
ジメントやブーケにも人気の枝もの。実
の色は白のほかに、ピンクやうっすらと
緑色がかったものや、赤もあります。

Flower Data

分類	スイカズラ科シンフォリカルポス属
別名	セッコウボク（雪晃木）
結実期	秋～冬
出回り期	8～11月
日もち	10日～2週間程度
流通	苗、切り枝（実つき）

その他の誕生花
オミナエシ、ガイラルディア、
ミセバヤ

誕生花

ベンケイソウ 弁慶草

多肉植物らしく乾燥に強く、暑さ寒さに
も耐えることからこの名がつきました。
小さな花がドーム状に集まって密に咲き、
アレンジメントやブーケでは、多肉植物
特有のボリュームと質感がアクセントと
して活躍します。蕾が閉じているものは
グリーン花材として用いることもできる
のが魅力。セダムの名で出回っているこ
ともあります。

[この日生まれの人]

心身ともにタフでパワフル。
半面、感受性が強く、意外と
ナイーブ。人の言葉に一喜一
憂することも。物事を深く考
えられる哲学的なタイプでも。

Ice plant

花言葉
信じて従う
機転がきく

Flower Data

分類	ベンケイソウ科ムラサキベンケイソウ属
別名	オオベンケイソウ（大弁慶草）、イキクサ（活草）
開花期	秋
出回り期	通年
花もち	1〜2週間程度
流通	苗、切り花

その他の誕生花
ツンベルギア、デンファレ

10/27 Oct.

[この日生まれの人]
物静かで無口だけれどミステリアスなオーラを放つ、強い存在感をもつ人。自分を見失うことなく、固い信念で目標を少しずつ実現していきます。

Flower Data

分類	クマツヅラ科シチヘンゲ属
別名	シチヘンゲ（七変化）、コウオウカ（紅黄花）、セイヨウサンダンカ（西洋三段花）
開花期	初夏〜秋
出回り期	3〜5月（種子）、4〜7月（（苗）
花もち	3週間程度
流通	種子、苗

その他の誕生花
チョコレートコスモス、
ツリフネソウ

誕生花

ランタナ

小さな花が毬のように丸く密に集まって咲く姿が愛らしいランタナ。花は外側から内側に向かって咲きますが、咲き進むにつれて花の色が変化するため、中心の花と外側の花の色が異なります。そこから「シチヘンゲ（七変化）」の別名が。移り変わる花の姿を楽しめるのも魅力で、花壇や鉢植えなどに人気です。さまざまな品種があり、花色も豊富です。

Wild-sage

花言葉
心変わり／合意
協力／厳格

誕生花

ノコンギク 野紺菊

各地の山野に自生する日本の固有種のノコンギク。淡い紫色がなんともいえず美しく、清楚で可憐な花を咲かせます。野の花らしい素朴な佇まいが愛されてきました。一般に出回っているノコンギクは、ノコンギクから生まれた園芸品種のコンギクである場合も。このコンギクと区別するために、「野に咲くコンギク」の意で名づけられました。

[この日生まれの人]

人見知りで内向的、かつ鋭い直感と洞察力の持ち主。人の心を敏感に察することができます。深く強い思いやりで周囲に接するタイプでしょう。

Japanese aster

花言葉
長寿と幸福

Flower Data

分類	キク科シオン属
別名	―
開花期	秋
出回り期	7〜10月（苗）
花もち	2週間程度
流通	苗

その他の誕生花
アフリカンマリーゴールド、ホップ、ワレモコウ

[この日生まれの人]
陽気で明るい愛されキャラ。洗練された社交術でいつもスマート。真面目さ、忍耐強さ、激しい情熱も兼ね備え、人柄に深みのあるタイプでしょう。

誕生花

フウセントウワタ 風船唐綿

柔らかい毛が生えた風船のような実がユニーク。初夏から秋にかけて独特の形をした白い花を咲かせますが、もっぱら実が観賞用として流通します。風船のような実の中には綿毛がついた種子が入っていて、熟すとはじけますが、はじけた状態の実も出回ります。和洋どちらのアレンジメントやブーケにも合わせやすく、ドライフラワーとしても楽しめます。

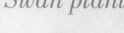

Swan plant

花言葉
いっぱいの夢（実）
隠された能力（花）

Flower Data

分類	キョウチクトウ科フウセントウワタ属
別名	フウセンダマノキ（風船玉の木）
結実期	秋
出回り期	8〜11月
日もち	5日〜1週間程度
流通	苗、切り枝

その他の誕生花
アゲラタム、アメジストセージ、ピンクッション

[この日生まれの人]

第六感が鋭いタイプ。物事の全体像を一瞬にして見抜くでしょう。感情をあまり表に出しませんが、内心に秘めた想いは深く熱いのでしょう。

花言葉
変化
移りゆく日々
もの思い

Great burnet

誕生花

ワレモコウ 吾亦紅・吾木香

細く長い茎の先に揺れる暗紅紫色の楕円形の部分は、実のようにも見えますが、ごく小さな花が集まった花穂。花は花穂の上の方から咲いていきます。素朴で優しいたたずまいが愛され、古くから和歌にも詠まれました。花名の由来にはさまざまな俗説があり、花自身が花の美しさを「われ（吾）もまた（亦）紅なり」と訴えたというユニークな説もあります。

Flower Data

分類	バラ科ワレモコウ属
別名	チユ（地楡）
開花期	夏〜秋
出回り期	8〜10月
花もち	1週間〜10日程度
流通	苗、切り花

その他の誕生花
スイレン、ペチュニア、ロベリア

10/31

Oct.

[この日生まれの人]
精力的に動き回る行動派。慎重に考え、思いを巡らしてから動き出すのが特長。ひとつの道をひたすら走り抜け、人生を花開かせるでしょう。

Skimmia

花言葉
清純／寛大

誕生花

シキミア

生花店などで切り花として出回っているのは開花した花ではなく蕾。シキミアは赤い小さなつぶつぶの蕾を観賞する花なのです。葉は大きくつやつやと光沢があり、葉の深い緑と蕾のコントラストも楽しめます。和洋どちらのブーケやアレンジメントにも合い、個性的なアクセントになります。赤だけでなく緑色の蕾もありますが、どちらも白い花を咲かせます。

Flower Data

分類	ミカン科ミヤマシキミ属(スキミア属)
別名	ミヤマシキミ(深山樒)、クリスマススキミー
開花期	春
出回り期	通年
花もち	1週間〜10日程度
流通	苗、切り花

その他の誕生花
イブニングスター、カンガルーポー、キキョウ

316

プロに教わる花の描き方

好みの花をモデルにして、描いてみましょう。
ここではストレリチア（→p.363）を色鉛筆で描く例で説明します。

1 下描き
花の輪郭は鉛筆で薄く描きます。初心者は写真の上からなぞっても。

2 下塗り
花の中で最も薄い色から塗っていきます。できるだけむらなく均等に。

3 ハッチング
花びらや茎の濃い部分に色を足します。線を描き入れるようにして濃くしていきます。

4 混色
葉の中に見える濃い部分に色を足します。少しずつ塗り足していくとよいでしょう。

できあがり

5 陰影
輪郭にグレーを重ねます。このように陰になっている部分を表現すると、立体的な仕上がりになります。

『ぬりえ花言葉・花図鑑』(ユーキャン刊)より再編集。

Spray mum

花言葉

気持ちのさぐり合い

スプレーマム

1本の茎から枝分かれしてたくさんの花
をつける様子が、まるでスプレーしたよ
うだということからスプレーマムの名が
あります。海外で品種改良されて日本に
逆輸入された洋菊の仲間です。なかでも、
コロンとした半球状や球状の花がつくポ
ンポン咲きのスプレーマムは可愛らしく、
和洋どちらのアレンジメントにもマッチ
するので人気です。

Flower Data

分類	キク科キク属
別名	スプレーギク(スプレー菊)
開花期	秋
出回り期	通年
花もち	2〜3週間程度
流通	苗、切り花

その他の誕生花

アケビ、カンガルーポー

11/ Nov.

2

[この日生まれの人]

何事にも淡々と着実に取り組み、やり遂げる不言実行の人。寡黙なため誤解を招くこともありますが、周囲を深く思いやり、誠実に尽くすタイプ。

Flower Data

分類	マメ科ハウチワマメ属（ルピナス属）
別名	ノボリフジ（昇藤）、タチフジ（立藤）、ハウチワマメ（葉団扇豆、羽団扇豆）
開花期	春
出回り期	12〜6月
花もち	5日〜1週間程度
流通	種子、苗、切り花

その他の誕生花
コチョウラン、フウセントウワタ、ユリオプスデージー

Lupine

誕生花

ルピナス

蝶形の小さな花が花穂（かすい）に密につき、下から上に向かって咲きます。この様子を逆さまにしたフジに見立て「ノボリフジ（昇藤）」の別名があります。花穂が大きく茎が太く直立するタイプと茎がしなやかにうねるタイプがあります。青色の花は、花嫁が幸せになるためのおまじない「サムシング・ブルー」のひとつとして、ブライダルブーケにもよく使われます。

花言葉
想像力／貪欲

誕生花

ハツコイソウ 初恋草

エリカのような葉をつけた枝が放射状に伸び、その先端に小さな蝶のような繊細で愛らしい花を咲かせます。秋から春までの花の少ない時期に株いっぱいに花を咲かせるのも魅力で、鉢植えや寄せ植え、ハンギングバスケットなどに人気。鮮やかな青や赤、オレンジ、白などの花色があります。園芸店などでは、属名のレシュノルティアや別名で流通していることも。

花言葉

淡い初恋／秘密

Lechenaultia

Flower Data

分類	クサトベラ科レシュノルティア属
別名	レケナウルティア、レスケナウルティア、レシュノルティア
開花期	秋〜春
出回り期	3〜5月（苗）
花もち	2週間程度
流通	苗

その他の誕生花
キク（黄）、ジャーマンカモミール

誕生花

サフラン 泊夫藍

クロッカスに似た楚々として可憐な薄紫
色の花を咲かせるサフラン。花には独特
のスパイシーな香りがあります。花から
突き出た赤い部分が雌しべで、この雌し
べからスペイン料理のパエリヤや南フラ
ンスのブイヤベースなどの伝統料理に欠
かせないスパイスのサフランがつくられ
ます。たくさんの花からごくわずかの量
しか採れないため、貴重なスパイスです。

花言葉

歓喜の笑顔

Saffron

Flower Data

分類	アヤメ科サフラン属
別名	バンコウカ（番紅花）
開花期	秋
出回り期	8〜10月（苗）
花もち	2〜3日程度
流通	球根、苗

その他の誕生花
クロッサンドラ、ムラサキシキブ

誕生花
プロテア

多くの品種のなかでも最も大きな花を咲
かせるのが写真のキング・プロテア。ア
フリカ原産らしいエキゾチックな姿と起
毛の質感が魅力です。プロテアの名は属
名に由来し、ギリシャ神話の海神プロテ
ウスにちなみます。周囲を取り囲む花び
らのように見えるのは苞で、小さい花が
中央に密集して咲きます。ゴージャスな
姿はドライフラワーの花材としても人気。

花言葉
王者の風格
自由自在

Sugarbushes

Flower Data

分類	ヤマモガシ科プロテア属
別名	プロティア
開花期	春
出回り期	通年
花もち	1〜2週間程度
流通	苗、切り花

その他の誕生花
サザンカ（赤）、ペンタス

Flower Data

分類	キク科クラスペディア属
別名	クラスペディア・グロボーサ、ゴールドスティック、ゴールデンスティック
開花期	夏
出回り期	6〜10月
花もち	1〜2週間程度
流通	種子、苗、切り花

その他の誕生花
センノウ、ムラサキシキブ

[この日生まれの人]
優しさの中にも一本筋が通り、強さも厳しさも備えた人。毅然としたところがある一方で、意外と茶目っ気やユーモアのセンスもたっぷり。

花言葉
永遠の幸福
心の扉をたたく

Drumstick

誕生花

クラスペディア

細く長い茎の先端に、黄色い小さな花が集まってピンポン球のようになって咲きます。「ドラムスティック」という英名のとおり、木琴や鉄琴のマレット（ばち）のような形が個性的。乾燥させても美しい花色が保たれるため、ドライフラワーにして長く楽しめます。生花店などではゴールドスティック、ゴールデンスティックなどの名でも出回っています。

誕生花

ムベ 郁子

淡いクリーム色の釣鐘状の花が数個ずつまとまって咲きます。花の内側は紅紫色がかっていて、そのコントラストが美しい花です。熟すと紫色になる実はアケビに似ています。7世紀後半に活躍した天智天皇が、実の甘く美味なことを賞賛した言葉から、この名がついたといわれます。ムベは古語で「宜」と書き、「なるほど」と肯定する気持ちを表す言葉です。

花言葉
愛嬌

Japanese staunton vine

Flower Data

分類	アケビ科ムベ属
別名	トキワアケビ（常磐通草）
開花期	春
結実期	秋
出回り期	4〜5月（苗）
花もち	2週間程度
流通	種子、苗

その他の誕生花
トラノオ、ユーカリ、ユーチャリス

誕生花

パフィオペディラム

食虫植物を思わせるような袋状の花びらをもつ、神秘的で美しい花の形が人気のランです。品種によって花の形も開花時期も異なりますが、熱帯アジアに分布する約70種が主に知られており、花びらに美しいストライプが入るもの、小さな斑点が散ったものなどがあります。花の形から、「淑女のスリッパ」、「女神のスリッパ」を意味する名でよばれます。

Lady's slipper

花言葉
思慮深い
優雅な装い

Flower Data

分類	ラン科パフィオペディラム属
別名	トキハラン（常葉蘭）、スリッパオーキッド
開花期	冬〜初夏
出回り期	通年
花もち	10日〜2週間程度
流通	苗、切り花

その他の誕生花
ステルンベルギア、ヒイラギ

11/9 Nov.

[この日生まれの人]

気配り上手で献身的。孤独を嫌い、人とともに生きることに喜びを感じる人です。協調性に富み、周りの人たちをつなぐ潤滑油のような存在。

花言葉
聡明／愛され上手

Japanese beautyberry

Flower Data

分類	シソ科ムラサキシキブ属
別名	ミムラサキ（実紫）
結実期	秋
出回り期	9〜10月
日もち	3〜5日程度
流通	苗、切り枝（実つき）

その他の誕生花

ツルバラ、ルピナス

誕生花

ムラサキシキブ 紫式部

アレンジメントやリースの花材としても人気です。ムラサキシキブの名の由来は２説あり、紫色の実が重なるようにしてつくことから「紫重実（むらさきしきみ）」とよばれていたのがなまったのだとも、植木屋さんが『源氏物語』を書いた平安時代の女流作家・紫式部にあやかって名づけたのだとも。写真は園芸品種のコムラサキシキブです。

誕生花

フヨウ 芙蓉

ムクゲとともに夏を代表する花木のひとつです。花がよく似ていますが、フヨウは雌しべの先が上向きにカーブしているので見分けられます。中国唐代の玄宗皇帝の后であった楊貴妃は、その美しさを芙蓉にたとえられました。中国では「芙蓉」はハスの花を意味しますが、フヨウの花がハスに似て美しいことから、「木芙蓉」とよばれるようになりました。

Flower Data

分類	アオイ科フヨウ属
別名	モクフヨウ（木芙蓉）
開花期	夏〜秋
出回り期	6〜7月（苗）
花もち	一日花（日中に咲き夕方閉じる）
流通	苗

その他の誕生花
ガマ、ツルウメモドキ、
ブッドレア、ブバリア（ピンク）

花言葉
しとやかな恋人
繊細な美

Confederate rose

[この日生まれの人]
穏やかで温かい雰囲気の持ち
主。責任感が強く、真面目に
努力をするので信頼されます。
周囲から盛り立てられて高み
へと登ることになりそう。

花言葉
よい便り

Japanese snake gourd

誕生花

カラスウリ 烏瓜

Flower Data

分類	ウリ科カラスウリ属
別名	タマズサ（玉章・玉梓）
開花期	夏
結実期	秋
出回り期	4〜5月（苗）
花もち	一日花（夕方開いて夜明けに閉じる）
流通	種子、苗、切り枝（実つき）

その他の誕生花
アジアンタム、スターチス、マユミ

スイカのような緑色やオレンジの実、熟
した赤い実が混在した実つきのつるが、
リースやアレンジメントに人気です。夏、
花びらの先が細い糸のように裂けてレー
スのように見える幻想的な白い花を咲か
せます。花は夕方から咲いて夜が明ける
頃にはしぼんでしまいます。種子の形が
打ち出の小槌に似ていることから、金運
をよぶ縁起物とされることも。

誕生花

ライスフラワー

オーストラリア原産のワイルドフラワーのひとつ。その名のとおり、米粒のような小さな蕾が密にまとまってつく姿が素朴で愛らしく、ナチュラルな雰囲気です。属名のオゾタムヌスは「ozo（匂い）」と「thamnus（低木）」という言葉から成り、ラベンダーに似た爽やかな香りがします。ドライフラワーとしても楽しめ、白やピンク以外に着色したものも出回っています。

[この日生まれの人]

頭が切れ、瞬時の判断力に優れたスマートな人。大きなことを成し遂げたい想いが強く、状況を読みながら慎重に歩みを進めていくでしょう。

Rice flower

花言葉
豊かな実り

Flower Data

分類	キク科オゾタムヌス属
別名	ホワイトドッグウッド、サゴブッシュ
開花期	春
出回り期	8〜12月
花もち	2週間程度
流通	苗、切り花

その他の誕生花
エラチオール・ベゴニア、
ワックスフラワー

[この日生まれの人]

豊かな感情の持ち主。深い思いやりで献身的に人に尽くします。裏切りには全身全霊で抵抗。敵に回すと怖いかも。想いが深いタイプなのです。

誕生花

アマリリス (赤)

大きなものでは花の直径が20cmにもなり、ユリに似た花がまとまって咲くひときわ豪華な姿が魅力のアマリリス。古代ローマの詩人ウェルギリウスの詩集『牧歌』に登場する、アマリリスという美しい羊飼いの少女にちなんで名づけられました。「輝くばかりの美しさ」の花言葉は、艶やかで華やかな赤いアマリリスにぴったりです。

花言葉
輝くばかりの美しさ

Barbados lily

Flower Data

分類	ヒガンバナ科ヒッペアストルム属
別名	キンサンジコ（金山慈姑）
開花期	春、秋
出回り期	4〜6月（春咲き品種）、10月（秋咲き品種）
花もち	5日〜1週間程度
流通	球根、苗、鉢植え、切り花

その他の誕生花
アンスリューム、サンキライ、デンファレ

Flower Data

分類	キンポウゲ科デルフィニウム属
別名	オオヒエンソウ(大飛燕草)、デルフィニューム
開花期	初夏
出回り期	通年
花もち	3日〜1週間程度
流通	種子、苗、切り花

その他の誕生花
アジアンタム

花言葉
清明／高貴

Larkspur

誕生花

デルフィニウム

写真のデルフィニウムは、パシフィックジャイアントという品種。すっと伸びた茎に40〜50cmにもなる長い花穂(かすい)がつき、豪華な八重咲きの花がたくさん咲きます。花色には清涼感溢れる青、紫、ピンク、白などがあります。花名はギリシャ語でイルカを意味する言葉に由来します。「大飛燕草」の別名は、花の形を飛ぶ燕に見立てたことから。

[この日生まれの人]
冷静と情熱、熱愛と憎悪など
相反する感情を併せもつ、オ
ールorナッシングの人。優れ
た直感で、本質を瞬時に見極
めることもできるでしょう。

Flower Data

分類	キク科コスモス属
別名	ブラックコスモス
開花期	初夏～秋
出回り期	5～11月
花もち	5日～1週間程度
流通	苗、切り花

その他の誕生花
ヤマユリ、ロベリア

花言葉
恋の思い出
移り変わらぬ気持ち

Chocolate cosmos

誕生花

チョコレートコスモス

チョコレートのような甘い香りと黒紫色
や暗紅色などの濃い花色からこの名がつ
けられました。アレンジメントやブーケ
をシックで大人っぽい雰囲気にもソフト
で愛らしい雰囲気にも演出できる万能な
花で、贈り物としても活躍します。メキ
シコ原産ですが、香りが強い原種はすで
に絶滅したとも。品種改良が進み、色の
バリエーションが増えています。

誕生花

クリスマスローズ

その名にローズとつきますが、バラの仲間ではなくアネモネやラナンキュラスなどの仲間です。クリスマスの頃にバラのような花を咲かせることから名づけられました。別名の「寒芍薬」や「雪起こし」もそこから。うつむき加減に咲く清楚な花が印象的です。キリストが誕生した際に、貧しい羊飼いの少女がこの花を捧げたともいわれています。

Christmas rose

[この日生まれの人]

真面目で我慢強い人。穏やかで落ち着いた物腰ながら、印象的な強い目力の持ち主。困難があっても打ち勝っていく強運も備えているでしょう。

花言葉

私を忘れないで
私の不安をやわらげて

Flower Data

分類	キンポウゲ科クリスマスローズ属
別名	カンシャクヤク（寒芍薬）、ユキオコシ（雪起こし）
開花期	冬
出回り期	12〜4月
花もち	１週間程度
流通	苗、鉢植え、切り花

その他の誕生花
クローバー（四つ葉）、
サザンカ（赤）、セルリア

11/17

Nov.

[この日生まれの人]
想像力と感受性が豊かなロマンチスト。空想の世界を存分に楽しみます。そのうえ友人にも恵まれ、現実の生活も充実させていくでしょう。

花言葉

大きな希望
高き理想
変わらぬ心

Desert candle

誕生花

エレムルス

　1m以上にもなる長い茎に、たくさんの星型の小花が集まった大きな花穂（かすい）をつけた姿は迫力満点で、見応えがあります。属名に由来した名は、ギリシャ語で「砂漠の尾」を意味します。30cm以上にもなる花穂に密集した小花の数は数百個とも。花の姿から「Desert candle（砂漠のキャンドル）」や「Foxtail lily（狐の尾のユリ）」の英名がつけられました。

Flower Data

分類	ツルボラン科エレムルス属
別名	―
開花期	夏
出回り期	5〜8月
花もち	10日程度
流通	球根、苗、切り花

その他の誕生花
アキレア、ベゴニア（赤）

誕生花
ヒメジョオン 姫女苑

細かく枝分かれした茎の先に小さなキクのような花を咲かせるヒメジョオン。素朴で優しく、慎ましやかな佇まいが魅力です。道端や草地など、どこにでも見られる身近な花ですが、もとは北アメリカに自生する植物です。日本には明治維新の頃に持ち込まれました。そのため「御維新草」や、維新の英雄である西郷隆盛にちなんだ「西郷草」の別名があります。

花言葉
素朴で清楚

Annual fleabane

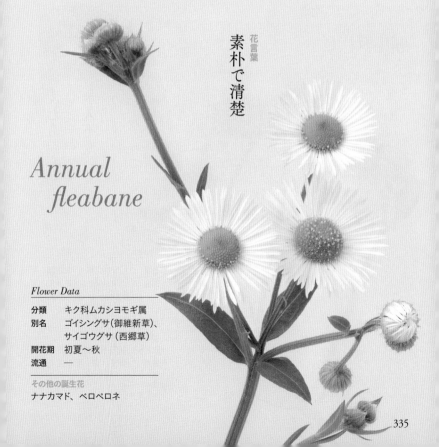

Flower Data

分類	キク科ムカシヨモギ属
別名	ゴイシングサ（御維新草）、サイゴウグサ（西郷草）
開花期	初夏～秋
流通	―

その他の誕生花
ナナカマド、ベロベロネ

335

11/19 Nov.

誕生花

スターチス

花びらのように見えるのは萼（がく）で、この萼がブラシのように横に並ぶタイプと小花を散りばめたように咲くタイプとがあります。カサカサと乾いた風合いが特徴で、ドライフラワーにしても色も形もほとんど変わらずに楽しめます。下痢止めの薬草として用いられたことから、花名は「止める」という意味のギリシャ語に由来します。

Statice

花言葉
変わらぬ心
しとやか（紫）
永久不変（ピンク）

Flower Data

分類	イソマツ科イソマツ属
別名	ハナハマサジ（花浜匙）、ニワハナビ（庭花火）、チース、リモニウム
開花期	春〜夏
出回り期	通年
花もち	10日〜2週間程度
流通	種子、苗、切り花

その他の誕生花
オトギリソウ

誕生花

バンクシア

抜群の存在感で、アレンジメントやブーケにも人気の花材。オーストラリア原産のワイルドフラワーのひとつで、小さな花が密集したブラシのような姿がエキゾチックで印象的です。時間が経っても色・形がほとんど変わらないのでドライフラワーにも向き、色づけされたものも出回っています。山火事の熱を利用して種子を散らす不思議な習性でも知られます。

Banksia

[この日生まれの人]

自由で大胆な発想が持ち味で、独特のものの見方、感じ方をする人。陽気でちょっぴり天然、憎めないキャラクターとして不思議な魅力を放ちます。

花言葉
勇気ある恋
心地よい孤独
心に鎧を着る

Flower Data

分類	ヤマモガシ科バンクシア属
別名	ヒース・バンクシア、バンクシア・エリキフォリア
開花期	夏〜冬（品種により異なる）
出回り期	通年
花もち	２週間程度
流通	苗、鉢植え、切り花

その他の誕生花
カラスウリ、ゲッカビジン

誕生花

オキザリス

庭や草地に自生するムラサキカタバミなどもオキザリス（カタバミ）の仲間で、世界に800種以上が分布しています。花は晴れた日には開き、曇りの日や天気の悪い日、夜間には閉じる習性があります。園芸店などで出回るオキザリスは、花が大きく観賞用に栽培される品種で、花壇や鉢植えの花として人気です。花の形状や開花時期は品種によりさまざま。

Wood sorrel

花言葉

輝く心
喜び
けっしてあなたを
捨てません

Flower Data

分類	カタバミ科カタバミ属
別名	―
開花期	品種により異なる
出回り期	9〜6月（苗）（品種により異なる）
花もち	1週間程度
流通	球根、苗

その他の誕生花
ランタナ

誕生花

バラ（白）薔薇

白絹のような花びらが清らかで美しい白
バラ。ギリシャ神話の愛と美の女神アフ
ロディーテが生まれたとき、バラもまた
生まれたといわれます。高貴な姿と香り
は世界中で愛され、日本でも平安時代の
昔から庭木として植えられ、愛でられて
きました。白いバラは聖母マリアの純潔
の象徴ともされ、そのためブライダルの
花としてよく用いられます。

Rose

[この日生まれの人]
穏やかで慈愛に満ちた人。周
囲の人の気持ちをとても大切
にするでしょう。他人の話に
よく耳を傾けます。実は意外
と激情家な面もあるタイプ。

花言葉
純潔
深い尊敬

Flower Data

分類	バラ科バラ属
別名	ソウビ、ショウビ（薔薇）
開花期	初夏から初冬まで品種により異なる
出回り期	通年
花もち	5日〜1週間程度
流通	苗、鉢植え、切り花

その他の誕生花
マーガレット

花言葉
孤高への憧れ
可憐な恋

Star orchid

誕生花

エピデンドラム

長く伸びた茎の先に小さな花がまとまってドーム状に咲く、中南米原産の美しいランです。この属にはさまざまなタイプがあって花の姿も多様ですが、切り花として最も多く流通しているのが写真のエピデンドラム。蕾が次々と花開いて長く楽しめ、花色も多彩です。花名は、ギリシャ語で「木の上」を意味する属名に由来します。

Flower Data

分類	ラン科エピデンドラム属
別名	サクラヒメチドリ（桜姫千鳥）、ニジテマリ（虹手毬）、エピデン
開花期	不定期咲き
出回り期	通年
花もち	2週間程度
流通	苗、切り花

その他の誕生花
キク（白）、ストレリチア、ハエマンサス

誕生花

ピラカンサ

初夏に白い小さな花を枝いっぱいに咲かせますが、花よりも実が愛でられる植物です。小さな実がたわわに実って枝を明るく彩る姿が美しく、常緑の葉の色とのコントラストは見応えがあります。ピラカンサにはいくつかの種類があり、トキワサンザシ、ヒマラヤトキワサンザシ、タチバナモドキ、それらの改良種の総称でピラカンサとよばれます。

［この日生まれの人］

慎ましく落ち着いた雰囲気の人。慎重で真面目な生き方を選びます。いざというときには、周囲が驚くほどのパワーと勇気を発揮するでしょう。

花言葉

慈悲の心

Fire thorn

Flower Data

分類	バラ科タチバナモドキ属
別名	ピラカンサス
開花期	初夏
結実期	秋〜冬
出回り期	3〜4月（苗）
流通	苗、鉢植え、切り枝（実つき）

その他の誕生花
カトレア、ペペロミア

【この日生まれの人】
目標を定め、その実現のために
いつも全力疾走。感受性が
鋭く、多くのことに好奇心を
刺激されます。また、強い正
義感の持ち主でもあります。

誕生花

ムルチコーレ

花名のムルチコーレは「茎が多い」とい
う意味で、地植えの株が這うようにして
広がることに由来します。つやのある明
るい黄色のカップ形の小さな花が愛らしく、
ハンギングバスケットや寄せ植えの花と
して人気です。園芸店やホームセンター
などでは、以前の学名のクリサンセマム・
ムルチコーレやコレオステフスの名で出
回っていることもあります。

花言葉

誠実なあなたでいて

Corn marigold

Flower Data

分類	キク科コレオステフス属
別名	キバナヒナギク(黄花雛菊)、コレオステフス、クリサンセマム・ムルチコーレ
開花期	春〜夏
出回り期	10〜4月(苗)
花もち	1週間程度
流通	種子、苗

その他の誕生花
スモークツリー、セントポーリア、
ネリネ

Calla lily

[この日生まれの人]

いつも楽しそうな陽気な人。言動に勢いがあり、いつも前向きです。その半面、哲学的な考え事も好きで、時折見せる深遠な表情が魅力的。

花言葉

凛とした美しさ
乙女のしとやかさ
壮大な美（黄）
情熱（ピンク）
夢見る美しさ（紫）

誕生花

カラー

カラーの花名は、ギリシャ語の「美しい」という意味の言葉に由来します。太く長い茎と、シンプルで洗練された花の形が美しく印象的で、ブライダルの花としても人気です。花びらのように見えるのは苞で、花は苞に包まれた棒状のクリーム色の部分です。日本には江戸時代の末にオランダから持ち込まれたので、「オランダカイウ」の別名があります。

Flower Data

分類	サトイモ科オランダカイウ属
別名	オランダカイウ（和蘭海芋）
開花期	初夏〜夏
出回り期	通年
花もち	1週間程度
流通	苗、球根、切り花

その他の誕生花
サンキライ、ラケナリア

343

11/27 Nov.

[この日生まれの人]
心優しく思いやりのある行動派。困っている人がいたら全力でサポートするでしょう。何事もスピーディーにこなせる高い能力の持ち主でも。

Flower Data

分類	ウルシ科サンショウモドキ属
別名	コショウボク(胡椒木)
結実期	夏〜秋
出回り期	通年(実・ドライ)
日もち	とてもよい
流通	苗、切り枝(実つき)

その他の誕生花
キク(赤)、ジャスミン、ルピナス

Pepper tree

花言葉
輝く心
熱狂

誕生花
ペッパーベリー

枝に鈴なりになった美しいピンク色の実を観賞して楽しむペッパーベリー。香りも胡椒に似ているため、乾燥させた果実は「ピンクペッパー」とよばれ、料理の香りづけにも用いられますが、コショウのような辛味はありません。可愛らしいペッパーベリーはアレンジメントやリースでも人気。青や紫、黒などに色づけされたドライフラワーも出回っています。

誕生花

アザレア

日本や中国のツツジをヨーロッパで鉢植
え用に改良した園芸品種がアザレア。そ
のため「西洋躑躅」の別名があります。
乾燥した環境でもよく育つことから、ラ
テン語の「乾燥」を意味する言葉に由来
する名がつきました。エレガントな大輪
の花を咲かせるものが多く、華やかな八
重咲きも。花色も豊富なため、ブライダ
ルに用いられることの多い花です。

花言葉
節制／充足
あなたに愛されて幸せ

Azalea

Flower Data

分類	ツツジ科ツツジ属
別名	セイヨウツツジ（西洋躑躅）、オランダツツジ（阿蘭陀躑躅）
開花期	春
出回り期	4〜5月
花もち	5日〜1週間程度
流通	苗、鉢植え、切り花

その他の誕生花
オンシジウム、ツルバギア

345

11/29 Nov.

[この日生まれの人]
高い志を心に秘めながら、常にマイペースで進んでいく人。真面目で堅実な性格で、雑なことを嫌います。地味な作業もコツコツこなす忍耐力も。

誕生花

ベゴニア

ベゴニアの園芸品種は非常に数多く、美しい花だけでなく葉を観賞する品種もあります。写真のベゴニア・センパフローレンスは、最も多く流通しているベゴニアで、花期が長いことから「四季咲きベゴニア」の名で出回ることもあります。鉢花としてほぼ通年出回っているエラチオール・ベゴニアは、バラのような豪華な花と華やかな花色が特徴です。

花言葉

愛の告白／片思い（赤）
用心して／丁寧（ピンク）
公平（白）
親切
繁栄（黄色）

Begonia

Flower Data

分類	シュウカイドウ科シュウカイドウ属
別名	―
開花期	品種により異なる
出回り期	4〜10月（苗）
花もち	2週間程度
流通	種子、苗、鉢植え

その他の誕生花
ホトトギス

誕生花

カスミソウ 霞草

ふんわりと優しく、ロマンチックな雰囲気が魅力のカスミソウ。たくさん枝分かれした細い茎に小花を散りばめた姿が春霞のように見えることから「霞草」と名づけられました。「Baby's breath（赤ちゃんの吐息）」の英名も、この花の雰囲気にちなみます。生花店などでは比較的大きな花がつくタイプや、染めのタイプも出回っています。

Baby's breath

自由を愛し、広い世界への憧れが強い人。行動力もピカイチで、思ったことは即実行。心のおもむくままに新しいことへのチャレンジを重ねます。

花言葉
清らかな心／無邪気
純潔（白）

Flower Data

分類	ナデシコ科カスミソウ属
別名	シュッコンカスミソウ（宿根霞草）、コゴメナデシコ（小米撫子）
開花期	夏
出回り期	通年
花もち	5日〜1週間程度
流通	種子、苗、切り花

その他の誕生花
キルタンサス、パフィオペディラム、ユーチャリス

Tail flower

花言葉
情熱

誕生花
アンスリューム

花びらのように見えるのは葉で、花は中
央の細長い部分。これが尾のように見え
ることからギリシャ語の「anthus（花）」
と「oura（尾）」に由来する名があります。
ハート型の葉は「仏炎苞」といい、ミズ
バショウなどサトイモ科の植物に見られ
る特徴です。仏炎苞の色が、白、クリーム、
緑、ピンク、赤、紫などバリエーション
豊富なのも魅力です。

Flower Data

分類	サトイモ科ベニウチワ属
別名	オオベニウチワ(大紅団扇)
開花期	夏
出回り期	通年
花もち	2週間程度
流通	苗、鉢植え、切り花

その他の誕生花
カランコエ、キク

誕生花
ヘリコニア

ヘリコニアの名は、ギリシャ神話に登場する芸術の女神ムーサたちが住むヘリコン山に由来します。花のように見えるのは苞で、花はこの苞の中に咲きます。黄色や赤の派手なトロピカルカラーの苞が上向きにつく品種と下に垂れる品種があります。苞がまるで鸚鵡のくちばしのように見えることから「オウムバナ(鸚鵡花)」の別名があります。

Flower Data

分類	オウムバナ科オウムバナ属
別名	オウムバナ(鸚鵡花)
開花期	夏
出回り期	通年
花もち	1週間〜10日程度
流通	苗、切り花

その他の誕生花
スプレーカーネーション

Lobster claw

花言葉
注目
風変わりな人

[この日生まれの人]
上品で穏やかな物腰とおっとりした振る舞いが魅力の人。平和を愛する気持ちが強く、人と争うことがありません。優しく親切なのも美点です。

誕生花

バラ（ベージュ）薔薇

古代ギリシャ・ローマでは、宴席などにバラを飾るだけでなく、バラの花びらを室内にまいて楽しんだといいます。古代エジプトの女王クレオパトラは、後に夫となるローマ帝国のアントニウスを魅了する際、バラの花びらを床に敷きつめたとも。世界中で愛され、多くの品種があるバラ。なかでもベージュは、シックでアンティークな雰囲気が人気です。

花言葉
成熟した愛

Rose

Flower Data

分類	バラ科バラ属
別名	ソウビ、ショウビ（薔薇）
開花期	初夏から初冬まで品種により異なる
出回り期	通年
花もち	5日〜1週間程度
流通	苗、鉢植え、切り花

その他の誕生花
コチョウラン、フレンチラベンダー

誕生花

ハボタン 葉牡丹

キャベツの仲間の葉もの野菜として、食用のために日本に持ち込まれましたが、葉の姿をボタンの花のように観賞するために品種改良されました。冬の寄せ植えやハンギングバスケットでおなじみです。近年、葉の色のバリエーションが増え、華やかなフリルが入ったものや光沢のある葉をもつものも。リースやアレンジメント、ブーケにも人気です。

[この日生まれの人]
純粋な心の持ち主。感激屋で、感動を子どものように素直に表現します。嘘をつけないタイプですが、大切な場面ではしっかり秘密を守ります。

花言葉
祝福

Flowering kale

Flower Data

分類	アブラナ科アブラナ属
別名	オランダナ（オランダ菜）
出回り期	10〜2月
日もち	10日〜2週間程度
流通	種子、苗、切り花

その他の誕生花
アベリア、カンガルーポー

［この日生まれの人］
正義感が強く、曲がったこと
が大嫌い。非常に真っすぐな
人です。また、とても愛情深く、
大切な人とともに生きること
に喜びを感じるでしょう。

誕生花

シンビジウム（白）

1本の茎に美しい花をたくさん咲かせる
シンビジウム。なかでも優雅で高級感溢
れる白いシンビジウムは、花言葉のイメ
ージにぴったり。蝋細工のような花びら
の質感と透け感が際立ち、フォーマルな
場面やブライダルに人気です。同じ華や
かなランの仲間でもカトレアに比べると
ソフトな雰囲気なので、よりカジュアル
なアレンジメントにも向きます。

Cymbidium orchid

花言葉
深窓の麗人

Flower Data

分類	ラン科シュンラン属（シンビジウム属）
別名	コトウラン（虎頭蘭）、ゲイショウラン（霓裳蘭）、シンビジューム
開花期	冬～春
出回り期	通年
花もち	2週間～1か月程度
流通	苗、鉢植え、切り花

その他の誕生花
ナンテン、ポインセチア

誕生花

サンタンカ 山丹花

鮮やかな赤やオレンジの花が数十輪もドーム状にまとまって咲く姿がとても華やかなサンタンカ。鉢花としても人気です。沖縄ではポピュラーな花木で、オオゴチョウ、デイゴと並んで沖縄を代表する花のひとつに数えられます。「山丹花」の名は、山に咲く丹色（赤色）の花という意味。和風と洋風どちらのアレンジメントやブーケにも合わせやすい花です。

Chinese ixora

花言葉
神様の贈り物
熱き思い

Flower Data

分類	アカネ科サンタンカ属
別名	サンダンカ、イソクラ
開花期	夏〜秋
出回り期	3〜10月
花もち	1週間程度
流通	苗、鉢植え、切り花

その他の誕生花
ストレリチア、センナリホウズキ

花言葉
**たくさんの小さな思い出
幸福を告げる**

Kalanchoe

誕生花
カランコエ

熱帯原産の多肉植物です。肉厚の葉と、赤やピンク、オレンジ、黄など愛らしいカラフルな花をたくさん咲かせるのが魅力。花の少ない晩秋や冬を彩る鉢花や花壇の花として人気です。ベンケイソウの仲間で赤い花を咲かせることから「ベニベンケイ（紅弁慶）」の別名でよばれることも。種類が豊富で、細い花茎にベル形の可憐な花がつり下がって咲く品種もあります。

Flower Data

分類	ベンケイソウ科リュウキュウベンケイ属
別名	ベニベンケイ（紅弁慶）
開花期	冬〜春
出回り期	ほぼ通年
花もち	3週間程度
流通	苗、鉢植え

その他の誕生花
ウメモドキ、シクラメン

[この日生まれの人]
一度、目標が定まるとひたむきに突き進む頑張り屋。自分のアンテナが指し示す方向を信じる心の強さがあります。他者への思いやりも深い人。

Winter cosmos

花言葉

忍耐

誕生花

ウインターコスモス

Flower Data

分類	キク科センダングサ属
別名	キクザキセンダングサ（菊咲き栴檀草）、ビデンス
開花期	初夏〜冬
出回り期	9〜11月
花もち	1週間〜10日程度
流通	種子、苗、切り花

その他の誕生花
シクラメン（白）、ナンテン

冬の寒い時期にもコスモスに似た花を咲かせることからウインターコスモスの名がつきました。「ビデンス」の別名は属名で、「ふたつの歯」を意味するラテン語。種に2本のトゲがあり、それが歯のように見えることに由来します。白、黄色、白と黄色のグラデーションなど、優しい色合いの花が特徴ですが、最近はピンクの花を咲かせる品種もあります。

[この日生まれの人]
太陽のように明るく、茶目っ気たっぷり。元気なオーラを漂わせる人です。責任感が強く、人をまとめる力に富んでいるのも素晴らしいところ。

誕生花

キク 菊

元々は薬用のために中国から渡来したキクですが、美しい花を観賞するために栽培され、秋を代表する花のひとつとなりました。平安時代の宮中で盛んに行われた9月9日の「重陽の節句」では、前夜にキクの花の上に真綿を置くならわしが。夜露とキクの香りをうつしとった「菊の着せ綿」で顔や体を拭くと厄を払い長寿を得られると信じられていたためです。

Florist's daisy

花言葉
高貴／長寿と幸福（黄）
誠実（白）
あなたを愛しています（赤）

Flower Data

分類	キク科キク属
別名	イエギク（家菊）、マム
開花期	秋
出回り期	通年
花もち	1〜2週間程度
流通	苗、鉢植え、切り花

その他の誕生花
グロリオサ、プリムラ・オブコニカ

誕生花
カトレア

他の植物が送られてきた梱包にたまたま入っていた中南米原産のこの植物。これを試しに育ててみたイギリスの園芸家カトレーにちなんでカトレアの名がつきました。エレガントな花と気品のある香りが愛され、「ランの女王」ともよばれます。花の姿や花色のバリエーションが豊富で、フォーマルな場面だけでなく、カジュアルなアレンジメントやブーケにも合います。

[この日生まれの人]

明るくて活発、かつ「天然」な面もある愉快な人。向上心が強く、負けず嫌いでも。自分を高めるための鍛錬を欠かさず、努力を重ねるでしょう。

Cattleya

花言葉
魅惑的
優美
魅力（白）
魔力（ピンク）

Flower Data

分類	ラン科カトレア属
別名	カトレヤ
開花期	秋〜冬
出回り期	通年
花もち	1〜2週間程度
流通	苗、鉢植え、切り花

その他の誕生花
シャコバサボテン、
ストレプトカーパス

12/11
Dec.

Christmas bush

花言葉
清楚

誕生花

クリスマスブッシュ

星形の小さな赤い花を枝いっぱいにつけ
るクリスマスブッシュ。クリスマスシー
ズンを彩るインテリアとして、生花店な
どに切り枝が出回ります。赤い花のよう
に見えるのは実は萼。原産地のオースト
ラリアでは、花は晩春（日本では晩秋）
に咲き、花が終わると萼が大きくなって
赤く色づき、ちょうどクリスマスの頃に
木全体が真っ赤に染まります。

Flower Data

分類	クノニア科ケラトペタラム属
別名	サマー・クリスマス・ブッシュ
開花期	晩秋（南半球の晩春）
出回り期	10〜12月
花もち	1週間程度
流通	苗、切り枝

その他の誕生花
セイヨウヒイラギ、ヒヤシンス、
マツバギク

誕生花

シャコバサボテン

蝦蛄葉仙人掌

ギザギザのある平たい葉のように見える
のは茎で、この茎の形が高級な寿司ネタ
として知られる蝦蛄のように見えること
から名づけられました。美しい花を観賞
するために作り出された花サボテンの一
種で、光沢や透け感のある独特の形の花
が魅力です。デンマークカクタスやクリ
スマスカクタスの名で出回っていること
もあります。

[この日生まれの人]

洗練されてエレガント。落ち
着きのあるスマートな人です。
さっぱりとした気性で気取っ
たところがないので、周囲の
人と上手に付き合えるタイプ。

花言葉
美しい眺め
ひとときの美

Christmas cactus

Flower Data

分類	サボテン科スクルンベル ゲラ属
別名	デンマークカクタス、 クリスマスカクタス
開花期	秋〜冬
出回り期	9〜12月（苗）
花もち	2週間程度
流通	苗、鉢植え

その他の誕生花
オオアラセイトウ、コットンツリー、
デンファレ

[この日生まれの人]
気さくなタイプながらミステリアスな魅力も併せもつ人。物事をきちんと深く考えます。敏感な感受性をもち、喜怒哀楽を素直に表に出すでしょう。

誕生花

シンビジウム（ピンク）

コチョウランとならんで鉢花として人気が高いシンビジウム。華やかな色合いと姿が愛される洋ランです。日本には、長崎にグラバー邸を残したイギリスの貿易商トーマス・グラバーによって初めてもたらされたといわれます。花名は「舟の形」を意味するギリシャ語に由来。エレガントで優しげなピンクのシンビジウムは、ブライダルの花としても人気です。

花言葉
上品な女性

Cymbidium orchid

Flower Data

分類	ラン科シュンラン属（シンビジウム属）
別名	コトウラン（虎頭蘭）、ゲイショウラン（霓裳蘭）、シンビジューム
開花期	冬〜春
出回り期	通年
花もち	2週間〜1か月程度
流通	苗、鉢植え、切り花

その他の誕生花
クリスマスローズ、デンファレ

誕生花

ツルウメモドキ 蔓梅擬

ツルウメモドキは山野の林などに自生するつる植物で、山採りのものが切り枝として出回っています。秋になると、実が黄色く熟した後3つに割れ、中から真っ赤な種子が姿を現します。その様子がきらびやかで美しいことから、アレンジメントやリースの花材として人気です。実や葉の形がウメモドキに似ているため、ツルウメモドキの名がつきました。

Oriental bittersweet

花言葉
開運
大器晩成

Flower Data

分類	ニシキギ科ツルウメモドキ属
別名	ツルモドキ（蔓擬）
結実期	秋
出回り期	10〜12月（実）
日もち	1週間程度
流通	苗、鉢植え、切り枝（実つき）

その他の誕生花
サイネリア（紫）、ジャノメエリカ、ブラキカム

12/15

Dec.

[この日生まれの人]
ロマンチストで高い理想の持ち主。夢物語を本気で信じる純粋さがあります。じっとしていることが苦手で、常に先へ先へと急ぐタイプでしょう。

誕生花

チューリップ

花名は、トルコ語で「ターバン」を意味する言葉に由来します。原産地のトルコからヨーロッパにもたらされ、世界中に広まりました。チューリップを国花とするオランダには、3人の騎士にプロポーズされた少女が、ひとりを選ぶことができず、ローマ神話の花と豊穣と春の女神フローラに願ってチューリップの花に変えてもらったという伝説があります。

花言葉

博愛／思いやり
愛の芽生え（ピンク）
望みのない恋（黄）
失われた愛（白）
不滅の愛（紫）
永遠の愛情（オレンジ）

Tulip

Flower Data

分類	ユリ科チューリップ属
別名	ウコンコウ、ウッコンコウ（鬱金香）
開花期	春
出回り期	11〜5月
花もち	5日程度
流通	球根、鉢植え、切り花

その他の誕生花
カトレア（黄）、ジンチョウゲ

誕生花

ストレリチア

南アフリカ原産の花ストレリチアは、「極楽鳥花」の別名のとおり、鳥類のなかで羽色が最も美しいとされる極楽鳥を思わせるエキゾチックな姿と南国らしいオレンジ色と青紫色の色彩が魅力です。長いくちばしのような部分は葉の一部で、ここからいくつかの花が咲きます。縁起の良い「極楽」という語をその名にもつことから、お正月の花としても人気です。

Bird of paradise

花言葉
気どった恋
輝かしい未来

Flower Data

分類	ゴクラクチョウカ科ゴクラクチョウカ属（ストレリチア属）
別名	ゴクラクチョウカ（極楽鳥花）、レギネ
開花期	初夏〜秋
出回り期	通年
花もち	1〜2週間程度
流通	苗、切り花

その他の誕生花
セイヨウヒイラギ、トルコキキョウ

[この日生まれの人]
おっとりと穏やかな雰囲気ながら、パワーと情熱を秘めた人。優しい心と実行力を活かして周囲に尽くし、味方を増やして運気を上げていきそう。

Seemannia

花言葉
繁栄

誕生花

シーマニア

口を開けた金魚のようにも見える壺形の花が細い花茎の先に横向きに咲く姿には独特の味わいがあり、赤やオレンジの鮮やかな花色も美しいシーマニア。花の少ない寒い冬の時期の貴重な鉢花として人気です。一般にシーマニアの名で園芸店などに出回っているのは、グロキシニア・シルバティカやグロキシニア・ネマタントデスという品種です。

Flower Data

分類	イワタバコ科グロキシニア属
別名	―
開花期	秋〜冬
出回り期	4〜6月（苗）
花もち	2週間程度
流通	苗、鉢植え

その他の誕生花
センリョウ、ツワブキ、ボロニア

誕生花

シンビジウム（グリーン）

元々は東南アジアを中心に自生するランのシンビジウム。ヨーロッパで大型の花がたくさん咲くように品種改良され、現在のような豪華な姿になりました。爽やかな花色が魅力のグリーンのシンビジウムは、前に突き出した部分（唇弁）の色が黄色、ピンク、赤、白とバリエーション豊かで、色の取り合わせの美しさを楽しめるのも魅力です。

[この日生まれの人]

失敗を恐れない勇気と並外れた行動力の持ち主。器用で物覚えが良く、物事をハイスピードでマスターできるタイプ。古い常識にもとらわれません。

Cymbidium orchid

花言葉
野心

Flower Data

分類	ラン科シュンラン属（シンビジウム属）
別名	コトウラン（虎頭蘭）、ゲイショウラン（霓裳蘭）、シンビジューム
開花期	冬〜春
出回り期	通年
花もち	２週間〜１か月程度
流通	苗、鉢植え、切り花

その他の誕生花
グロリオサ、リカステ

[この日生まれの人]
豊かな知性と哲学的な思考力の持ち主。よく考えてから行動します。気になることには一生懸命に食らいつき、深く掘り下げていくでしょう。

誕生花

スノーフレーク

スイセンのような葉をもち、スズランのような愛らしい花を咲かせることから「スズランスイセン（鈴蘭水仙）」ともよばれます。透明感のある白い花びらにある明るいグリーンの斑点がひときわ美しく、見る人に清らかな印象を与える花です。「Summer snowflake（夏のひとひらの雪）」の英名は、原産地のヨーロッパでは初夏に咲くことにちなみます。

花言葉
純粋／汚れなき心

Summer snowflake

Flower Data

分類	ヒガンバナ科スノーフレーク属
別名	オオマツユキソウ（大待雪草）、スズランスイセン（鈴蘭水仙）
開花期	春〜初夏
出回り期	2〜3月
花もち	5日程度
流通	球根、苗、切り花

その他の誕生花
オモト、クリスマスローズ

誕生花

ハナパイン 花パイン

フルーツのパイナップルと同じく熱帯アメリカ原産のハナパイン。パイナップルと同じ姿のミニチュアサイズの実が可愛らしい、観賞用のパイナップルで、実を食べることはできません。生花店などで茎つきで出回っていて、アレンジメントやブーケに加えれば、トロピカルムードたっぷりに。「サンゴパイン」とよばれる実の色が赤いタイプも人気です。

[この日生まれの人]
好奇心が強くてアクティブ。しかも器用で物事を難なくクリアします。豪快そうに見えるけれど心根は優しく、義理人情に厚い面もあるでしょう。

Flower Data

分類	パイナップル科アナナス属
別名	ヒメパイン（姫パイン）、ミニパイン
結実期	7〜8月
出回り期	通年
日もち	2週間程度
流通	苗、切り枝

その他の誕生花
クンシラン、ラークスパー

Ornamental ananas

花言葉 完璧

[この日生まれの人]
明るく爽やか。豊富なアイデアと機転とで周囲の人を魅了します。遊び心の詰まった楽しいプランを立てる名人。タフなメンタルも持ち味です。

誕生花

コルチカム

淡い紫色やピンクのカップ型の可愛らしい花を咲かせます。「オータム・クロッカス」の英名のとおり、ほとんどが秋咲きですが、冬・春咲きの品種も。「イヌサフラン」の別名は、サフランに似ているのにサフランのようにスパイスとして使えないことに由来します。球根は、植えずに土に転がしておいただけでも花が咲くほどたくましいことで知られています。

花言葉
危険な美しさ
楽しい思い出
悔いなき青春

Autumn crocus

Flower Data

分類	イヌサフラン科(チゴユリ科)イヌサフラン属
別名	イヌサフラン
開花期	春～冬(品種によって異なる)
出回り期	9～10月
花もち	2週間程度
流通	球根、苗

その他の誕生花
ハッカ、カサブランカ

誕生花

ポインセチア

クリスマスシーズンを彩る花としてポピュラーなポインセチア。色づいている部分は葉の一部で、本当の花は中央の部分です。ポインセチアの名は、メキシコから中米原産のこの植物を初めてアメリカ合衆国にもたらしたポインセットという人物の名にちなみます。別名の「猩々木」は、赤い葉を「猩々」という架空の動物の顔に見立てたものです。

Chiristmas flower

[この日生まれの人]
楽しいことには目がなく、時間を忘れてのめり込む子供みたいに無邪気な人。心はポジティブで、多くのことから学びを得て、吸収していきます。

花言葉
祝福
聖夜
幸運を祈る

Flower Data

分類	トウダイグサ科トウダイグサ属
別名	ショウジョウボク（猩々木）
開花期	冬
出回り期	11〜3月
花もち	1週間〜10日程度
流通	苗、鉢植え、切り花

その他の誕生花
シクラメン（赤）、ヒャクニチソウ

[この日生まれの人]
ストイックで困難にも弱音を
吐かない頑張り屋さん。自分
に厳しく、向上心に溢れてい
ます。曲がったことが嫌いで
義理堅いのも美点です。

誕生花

センニチコウ 千日紅

野の花のような素朴な味わいと、ころん
とした姿の愛らしさが魅力のセンニチコウ。
長く仏花として用いられてきましたが、
ナチュラルな雰囲気の花と相性が良くア
レンジメントやブーケの花材としても人気。
花の色があせず、ドライフラワーとして
も楽しめます。100日咲き続けるというサ
ルスベリ（百日紅）よりも長く、1000日
咲くという意味でこの名がつきました。

花言葉
変わらぬ愛／永遠の命

*Globe
amaranth*

Flower Data

分類	ヒユ科センニチコウ属
別名	センニチソウ（千日草）
開花期	初夏〜秋
出回り期	7〜10月
花もち	5〜10日程度
流通	種子、苗、切り花

その他の誕生花
カトレア（赤）、
アリウム・ギガンテウム

誕生花

ノースポール

マーガレットに似た清楚で可憐な花を冬から初夏までの長い期間、株いっぱいに咲かせます。白い花びらと花の中央の黄色のコトントラストの美しさが魅力です。冬の寒い時期にも白い花をたくさん咲かせることから「寒白菊」の別名があります。「ノースポール菊」や、以前の属名の「クリサンセマム」の名で出回っていることもあります。

[この日生まれの人]
普段は物静かで控えめ。大地のような安定感とどっしりとした存在感を漂わせています。いざというときには勇猛果敢な熱い姿を見せるでしょう。

花言葉
誠実／高潔

Northpole

Flower Data

分類	キク科ノースポールギク属
別名	カンシロギク（寒白菊）
開花期	冬～初夏
出回り期	11～12月（苗）
花もち	1週間程度
流通	種子、苗

その他の誕生花
サンダーソニア、シンビジウム

12/25 Dec.

[この日生まれの人]
優れたリーダーシップと冴え
わたる頭脳の持ち主。何が起
きても動じない落ち着きも魅
力です。真面目でストイック
なタイプでしょう。

誕生花

セイヨウヒイラギ 西洋柊

ヨーロッパでは古くから神聖な木とされ、
魔除けの力があると信じられたことから、
庭に植えたり、枝を飾ったりしました。
古代ローマでは農耕の神サトゥルヌスに
供えられ、この風習がキリスト教に取り
入れられて、クリスマスの飾りに用いら
れるようになりました。後に、十字架に
かけられたキリストの血が実を赤く染め
たという伝承も生まれました。

English holly

花言葉
先見の明

Flower Data

分類	モチノキ科モチノキ属
別名	ヒイラギモチ(柊糯)、クリスマスホーリー
開花期	春
結実期	冬
出回り期	11〜12月
日もち	10日〜2週間程度
流通	苗、切り枝(実つき)

その他の誕生花
ブルーデージー、ポインセチア

誕生花

ブバリア

小さな十字形の花が集まって咲く様子が
清楚で可憐な雰囲気です。ほんのりと上
品な香りがあり、特に白い花はブライダル
の花として人気です。花名は17世紀の
フランス国王・ルイ13世の侍医で、王室
のために珍しい植物や貴重な花を育てて
いたシャルル・ブバールの名から。蕾の
形が蟹の目のようだとして「カニノメ（蟹
の目）」という別名もあります。

[この日生まれの人]
感情をあらわにしない、上品
でおっとりした人。ソフトな
語り口も魅力。頭も心も柔軟
で、自分の考えにこだわらな
い謙虚さをもつのも美点です。

花言葉
交流／知性的な魅力

Bouvardia

Flower Data

分類	アカネ科ブバルディア属
別名	カンチョウジ（管丁子、寒丁子）、カニノメ（蟹の目）、ブバルディア
開花期	春、秋
出回り期	通年
花もち	5日〜1週間程度
流通	苗、鉢植え、切り花

その他の誕生花
ガーデンシクラメン、
クリスマスローズ

[この日生まれの人]
主義主張がはっきりしている人。野心家で、目標を必ずクリアする不屈の精神の持ち主。明るくて朗らかな人柄で周囲から愛されています。

誕生花

ヤブコウジ 薮柑子

夏、白やピンクの小さな花を咲かせ、冬、赤い実をつけます。濃い緑色の葉と鮮やかな赤い実のコントラストが美しいことから『万葉集』の昔から愛され、歌にも詠まれています。常緑の葉がタチバナに似ているとして「ヤマタチバナ」とも。ジュウリョウ（十両）の別名は、実がセンリョウ（千両）やマンリョウ（万両）に似ていることから。

花言葉
明日の幸福

Marlberry

Flower Data

分類	サクラソウ科ヤブコウジ属
別名	ヤマタチバナ（山橘）、ジュウリョウ（十両）、シキンギュウ（紫金牛）
結実期	冬
出回り期	2〜4月、9〜11月（苗）
日もち	1か月程度
流通	苗、鉢植え

その他の誕生花
エピデンドラム、レオチノス

[この日生まれの人]
変化を楽しみ、常に自分をグレードアップさせる意欲に満ちた人。自由に振る舞いながらも、やるべきことは確実にやり遂げる責任感の持ち主。

花言葉
成熟した美しさ

Pomegranate

誕生花
ザクロ 柘榴、石榴

独特の形をした実は甘酸っぱく、ジュースなどに加工するために栽培される果樹です。栽培の歴史は古く、古代ギリシャ・ローマでは、果実に種子が多いことから豊穣のシンボルとされました。鬼子母神の伝説など仏教との関わりも深いザクロ。初夏、赤やオレンジのツバキに似た花を咲かせます。花を観賞するために改良された品種は「花ザクロ」とよばれます。

Flower Data

分類	ミソハギ科ザクロ属
別名	—
開花期	初夏
結実期	秋
出回り期	10〜11月
日もち	1週間程度
流通	苗、切り枝（実つき）

その他の誕生花
センリョウ、パフィオペディラム

[この日生まれの人]
控えめで落ち着いたようでいて、
時折大胆な行動力を見せる人。
いざとなると堂々と意見を述
べて周囲を圧倒。刺激のある
生活が好きなタイプかも。

花言葉
福をなす
よい家庭

Nandina

誕生花

ナンテン 南天

ナンテンの名が「難転」つまり「難を転
じる」に通じることから、縁起の良い木
として古くから愛されてきました。真っ
赤な実をたわわにつけた様子は華やかで、
艶のある常緑の葉とのコントラストも美
しく、和装のブライダルやブーケなどに
も活躍します。庭木としてナンテンを植
えるのは、火災や盗難、災いを除ける意
味合いがありました。

Flower Data

分類	メギ科ナンテン属
別名	ナンテンチク（南天竹）、 ナンテンショク（南天燭）、 ナルテン（成天）
開花期	初夏
結実期	冬
出回り期	11〜1月
日もち	1週間程度
流通	苗、切り枝（実つき）

その他の誕生花
サザンカ、ポインセチア

誕生花

ガーベラ

生花店などで出回る切り花には、スタンダードな一重咲きのほかにも、八重咲き、先端がとがった花びらをもつスパイダー咲き、うねるように波打つ花びらが美しいウエーブ咲きなどが。また花色もさまざまです。南アフリカ原産であることから「African daisy（アフリカンデージー）」の英名があります。南国の花らしい明るく大らかな雰囲気が魅力です。

[この日生まれの人]

常に柔らかい微笑みを浮かべ、思いやり溢れる態度で周囲に接する人。安定志向が強いのも特徴。美意識が高く、美しい生活を理想としています。

花言葉
希望
気高い美しさ（ピンク）
いつも前向き（赤）
究極美（黄）
我慢強さ（オレンジ）

African daisy

Flower Data

分類	キク科ガーベラ属
別名	ハナグルマ（花車）、オオセンボンヤリ（大千本槍）
開花期	春、秋
出回り期	通年
花もち	5〜10日程度
流通	種子、苗、切り花

その他の誕生花
アナナス、ロウバイ、ヤブコウジ

12/31 Dec.

[この日生まれの人]
高い目標を掲げてひとり黙々と努力。挫折や失敗をバネに、持ち前のバイタリティーで成功を手にします。いわば自分に厳しい人といえます。

誕生花

カサブランカ

香りの良い大輪の花を咲かせる「オリエンタル・ハイブリッド系」のユリの中でも、カサブランカは「ユリの女王」ともよばれ、高貴な香りをもち、純白の大きな花を咲かせることで人気の品種です。日本固有種のヤマユリなどを交配してヨーロッパで生み出されました。白いユリは聖母マリアの純潔の象徴ともされ、ブライダルの花としても人気です。

花言葉
純潔

Casa Blanca

Flower Data

分類	ユリ科ユリ属
別名	―
開花期	夏
出回り期	通年
花もち	1週間～10日程度
流通	球根、切り花

その他の誕生花
ストック（八重咲き）、センリョウ

Index 花名索引 ※太字はメインの誕生花名とその掲載ページです。

● キ

386

STAFF

● 植物撮影
大作晃一　田邊美樹　横田裕美子　亀田龍吉

● 写真提供
ピクスタ

● 撮影協力
青江健一 (jardin nostalgique)
　http://www.jarnos.jp
グリーンショップ音ノ葉
　https://www.oto-no-ha.jp/publics/index/21/

● 装丁・本文デザイン、DTP
鷹觜麻衣子

● 装丁画
まつしたゆうり

● 執筆
高橋美加子

● 占い
マリィ・プリマヴェラ

● 協力
宇田川佳子　今井未知　山田桂

● 校正、DTP
安福容子

● 編集制作
株式会社童夢

● 企画編集
株式会社ユーキャン

おもな参考文献

『日本大百科全書』小学館
『改訂新版 世界大百科事典』平凡社
『「花」の便利帖　厳選327種』
　KADOKAWA
『あらゆる植物が育てられる園芸大図鑑
　新装版』ブティック社
『ちいさな花言葉・花図鑑』ユーキャン
『ちいさな花言葉・花図鑑〈野の花・道の花編〉』
　ユーキャン
花育(全国花育活動推進協議会)
　http://www.hanaiku.gr.jp/
エバーグリーン植物図鑑
　https://love-evergreen.com/

正誤等の情報につきましては、下記「ユーキャン
の本」ウェブサイトでご覧いただけます。
https://www.u-can.co.jp/book/information

366日の美しい誕生花

2023年2月17日　初　版　第1刷発行	編　者	ユーキャン誕生花研究会	
2024年2月1日　初　版　第2刷発行	発行者	品川泰一	
	発行所	株式会社ユーキャン 学び出版	
		〒151-0053	
		東京都渋谷区代々木1-11-1	
		TEL03-3378-2226	
	発売元	株式会社自由国民社	
		〒171-0033	
		東京都豊島区高田3-10-11	
		TEL03-6233-0781(営業部)	
	印刷・製本	シナノ書籍印刷株式会社